Renate Brettschneider

Heilige Geometrie

Renate Brettschneider

Heilige Geometrie

Der Weg in die eigene Mitte

EchnAton Verlag

Wichtiger Hinweis

Die im Buch veröffentlichten Inhalte wurden vom Verfasser und vom Verlag sorgfältig erarbeitet und geprüft. Eine Garantie kann dennoch nicht übernommen werden. Ebenso ist die Haftung des Verfassers bzw. des Verlages und seiner Beauftragten für Personen-, Sach- und Vermögensschäden ausgeschlossen.

Bei möglichen unterschiedlichen Schreibweisen wurde die von der Duden-Redaktion empfohlene Schreibvariante verwendet.

2. Auflage Dezember 2019

Gesamtherstellung: Diana Schulz
Covergestaltung: Diana Schulz
Coverfoto: ©Keila Neokow, Fotolia
Lektorat: Angelika Funk
Druck und Bindung: CPI books GmbH, Leck
ISBN: 978-3-937883-81-6

www.echnaton-verlag.de

Mögen all Deine Ängste ersetzt werden durch
bedingungslose Liebe zu allem Leben überall.

Mögest Du die Vollkommenheit jedes
Augenblickes wissen, den du atmest.

Mögest Du die Anwesenheit des Schöpfers in
Deinem Alltagsleben erkennen und sie fühlen.

Möge Liebe, Wahrheit und Schönheit, Vertrauen,
Harmonie und Frieden auf alle Ewigkeit Euer sein.

Drunvalo Melchizedek

Dies ist ein Buch, welches Sie einerseits einfach eben mal so lesen können, dann werden Sie es wahrscheinlich interessant finden.

Anderseits handelt es sich bei diesem Buch um ein Buch, mit dem und mit dessen Sprache Sie »gehen« sollten. Es führt Sie ins Fühlen. Öffnen Sie Ihr Herz und das Buch wird sich Ihnen öffnen.

Denn nur über das Fühlen erschließen sich die Schätze unseres Daseins in ihrer Gesamtheit, nur über das Fühlen erschließt sich Ihnen das Dahinter und somit auch die Sprache dieses Buches.

Inhalt

Einleitung

Wenn sich das Herz öffnet,
wirst Du auf die mächtigste Kraft
im Universum stoßen:
Deine liebende ewige Gegenwart.

Matt Kahn

Das Leben und die Schöpfung selbst sind ein Mysterium. Wir können uns in diesem Dasein verlieren oder unseren Weg blühend durch das menschliche Leben gehen. Wählen wir den zweiten Weg und gehen mit offenen Augen durch das Leben, sehen und spüren wir, dass wir – wie alles andere Dasein auch – eingebettet sind in etwas, das wir als Ur-Zusammenhang wahrnehmen können. Alles scheint miteinander verbunden zu sein. Unser Verstand und die Wissenschaften versuchen, diesen Zusammenhang genauso zu greifen wie die Bereiche der Philosophie, der Religion oder auch der Esoterik.

Ein Gebiet eignet sich ganz besonders für ein Reflektieren über uns selbst im Zusammenhang mit der Schöpfung, die Geometrie. Sie offenbart dem Menschen schon seit Jahrtausenden Einblicke, wie sich die Schöpfung, wie wir uns selbst, von zwei Seiten kommend ins Dasein manifestieren.

Wissenschaft & Spiritualität

In der Wissenschaft wie auch in der Spiritualität lassen sich diese beiden Seiten, Kräfte, greifen, die die Welt ins Sein bringen.

Als ein Wechselspiel von elektrischer und magnetischer Kraft kennen wir diese aus der Physik, indem sie Atome, Moleküle und Festkörper hervorbringen. Dabei spüren wir bereits im Grundaufbau der Atome das

Kräftepaar selbst: Negativ geladene Elektronen umkreisen den positiv geladenen Atomkern.

In der Spiritualität beschreiben Mystiker und Weise in alten Texten anhand unterschiedlicher Bilder und Worte, wie sich das Leben aus dem Unbegreiflichen heraus in von uns erkennbares Dasein bewegt. Erst in die Formlosigkeit des Bewusstseins als reiner Geist, aus dem es sich weiter teilt in ein Bewusstsein, das die Möglichkeit umfasst, Form zu bilden. Alle Form auf allen Ebenen hat ihren Ursprung in diesem Bewusstsein. Wir werden es Christusbewusstsein nennen.

Das In-der-Form-Sein teilt sich weiter in einen männlichen und einen weiblichen Energie-Anteil. Durch diese Aufteilung selbst beginnt der Tanz des formhaften Seins.

Beiden Kräften sind bestimmte Bereiche in der Schöpfungsdynamik zugeordnet und in ihrem Miteinander-Sein und ihrer Bewegung entsteht Leben und Lebendigkeit. Diese aus beiden Kräften entstehende Dynamik bringt Leben, so wie wir es erfahren, hervor. Vom Großen bis hinunter in die kleinste Einheit entspringt es den beiden Kräfteströmen und beinhaltet gleichzeitig beide Kräfteströme, aus denen wiederum Untergeordnetes entsteht – unendlich nach innen wie auch nach außen.

In der *Theorie des elektrischen Universums* wird der Aspekt des Flusses der Energien wissenschaftlich untersucht. Wissenschaftler beobachten, dass aus einem

Ganzen zwei Kraftströme entspringen, die sich in eine positive und negative Ladung teilen und sich dann aber wieder zu einem Ganzen vereinen.

Sehen wir uns das aus einer anderen Perspektive an, gestalten sich aus einem Zusammenspiel von Liebe in Schwingung und Liebe in Struktur die Schöpfung und der Schöpfungsprozess. Liebe ist die eine Seite und Geometrie die andere und beide bedingen einander und tanzen einen gemeinsamen Tanz.

Einheit in der Zweiheit

Allen großen Religionen sind diese Ur-Schöpfungskräfte vertraut und in ihrer Symbolsprache enthalten. So können wir auch zum Verstehen von uns selbst und aller Schöpfungsdynamik diese beiden Energien studieren und bewusst erfahren. Eine Reise in die Schöpfung hinein, auf der Gott sich selbst erfährt und erforscht.

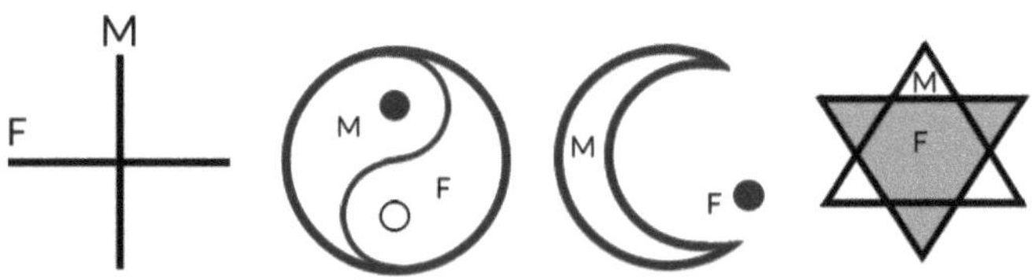

Christliches Symbol Christliches Kreuz — Taoistisches Symbol Yin Yang — Islamisches Symbol Halbmond — Jüdisches Symbol Davidstern

Bringen wir uns dazu in tiefen Einklang mit der universellen Liebe und suchen wir Zugang zu den dem Leben zugrunde liegenden Geometrien. Ergründen wir die Einheit aus der Zweiheit der Kräfte, die Schöpfung und Bewegung hervorbringen. Aus beiden zusammen formen sich Ursprungs-Geometrien. Diese aller Form zugrunde liegenden Geometrien nennen wir von alters her die Heilige Geometrie.

Viele Gelehrte studierten sie schon seit Jahrtausenden und gaben ihr Wissen zu den verschiedenen Zeiten mehr oder weniger verschlüsselt weiter. Im aktuellen Geschichtskapitel erfährt die Heilige Geometrie gerade neue Aufmerksamkeit. Ihre Symbole erfahren in den letzten Jahrzehnten zunehmend an Beachtung und die Menschheit beginnt, sich wieder vermehrt mit ihr zu beschäftigen und sich weniger getrennt von ihr von außen wahrzunehmen.

Das Ziel des Lebens ist,
Deinen Herzschlag mit dem Takt
des Universums in Einklang zu bringen,
Deine Natur mit DER NATUR.
Joseph Campbell

Kapitel 1

Geometrie zieht die Seele
zur Wahrheit und bringt den Geist
der Philosophie hervor.

PLATO

THE WAY IN IS THE WAY OUT
Der Weg hinein ist der Weg hinaus

Immer wieder hören und lesen wir, dass die aktuelle Zeit eine Zeit des Wandels ist. Blicke ich auch nur ein paar Jahre zurück, so spüre ich, dass egal, wie geringfügig sich die Veränderungen im Außen spiegeln, wir ganz eindeutig einen Wandel sehen können. Große Unterschiede kann ich inzwischen darin erkennen, wie wir uns selbst sehen, in welcher Verbindung wir uns zum Außen setzen und wie weit wir unsere Verantwortung für uns selbst wieder zu uns zurücknehmen.

Wer von uns noch Eltern hat, die in der Zeit des Faschismus gelebt haben, weiß aus ihren Erzählungen, wie sehr fremdreguliert ihr Leben verlief. Es gab eine bestimmende Instanz oder Gewalt im Außen, an welcher sich die Eltern, die Politik, die Kirche sowie jegliches Handeln und das Leben selbst orientierten. Ihr Leben war von außen in einen engen Rahmen eingebettet, welcher ihren Handlungsspielraum weitgehend bestimmte. Der Einzelne erfuhr sich nicht als die Person, die ihr Leben frei und selbstbestimmt gestalten konnte, sondern fühlte sich gemessen an und kontrolliert von außen aufgestellten Werten. Mit seiner eigenen Persönlichkeit fügte er weitere Anforderungen an sich selbst hinzu.

Die gesamte Lebenshaltung spiegelte sich in der Sicht auf das Leben wider: Der Einzelne erfuhr sich als getrennt von der Schöpfung und getrennt von allen anderen Wesen. Er nahm die einzelnen Bestandteile seiner Umwelt als ferne, meist auch als unbeseelte Wesen wahr. Das Gottesbild entsprach dem gleichen Muster. So war es naheliegend, dass jene Generation wie auch die darauffolgende diese Getrenntheit noch intensiv lebten und stellenweise noch immer leben.

Die Strukturen des Lebens

Als Gott wird meist ein Schöpfer angesehen, der außerhalb des Geschöpften existiert. Die von ihm einmal initiierte Schöpfung beobachtet er kritisch und bewertet sie. Zusammen mit den Menschen in der Schöpfung sieht er einem Tag entgegen, an dem sich diese Bewertung in einem Endergebnis zeigen wird: in der Trennung der Schöpfung in verschiedene Richtungen.

Diese Haltung des Darauf-Schauens lebte die große Masse der Menschheit und selbst sehr erwachte Persönlichkeiten spürten und lebten auf diese Weise Trennung. Bereiche, in denen sich der Mensch eine Brücke schlug zurück in den Einklang, in den Urklang mit der Schöpfung, sind die Welten der Mythen, der Klänge und Bilder.

Aus meiner Sicht bietet sich gerade die Bilderwelt der Heiligen Geometrie besonders gut an, wenn wir all unsere Seins-Bereiche in Verbindung bringen möchten und uns mit der Schöpfung vereinen. In der Beschäftigung mit der Heiligen Geometrie, in dem Zeichnen oder Nachformen selbst, begeben wir uns automatisch hinein in die Strukturen des Lebens selbst.

Als Heilige Geometrie bezeichnen wir meist die sichtbaren geometrischen Figuren und Zeichnungen, die vereinfacht Lebensstrukturen, Lebensabläufe und Zusammenhänge widerspiegeln und aufzeigen. Aus diesen Strukturen leiteten sich Symbole ab, die seit Jahrhunderten, teils sogar länger, geachtet und geehrt werden als Träger tiefer Schöpfungsmuster, die schwer mit Worten zu erfassen sind.

In der heutigen Wissenschaft findet man immer weitere Bestätigungen für eine grundlegende geometrische Blaupause, in die hinein oder an der entlang sich Schöpfung skalierbar abspielt. Diese Strukturen finden sich in allen bekannten Größen, in den Zellen genauso wie in den Galaxien. Als Blaupause bezeichnet man z. B. in der Informatik eine Art Bauplan, der ähnlich einer Schablone das Grundgerüst aufzeigt, nach dem sich etwas ausbilden oder erschaffen soll. Eine Blaupause beinhaltet als Ursprung bereits die Information des Entstehenden.

Oft verwendete Symbole in der Heiligen Geometrie sind:

- ⊙ Kreis
- ⊙ Gleichseitiges Dreieck
- ⊙ Pentagram
- ⊙ Hexagon
- ⊙ Blume des Lebens

Symbole der Heiligen Geometrie

Kreis

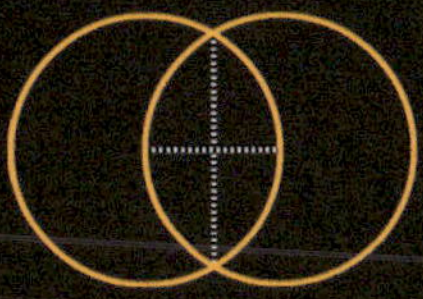

Visica Piscis

Gleichseitiges Dreieck

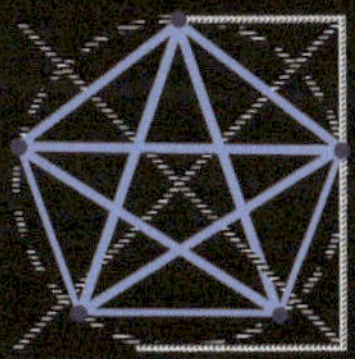

Pentagram

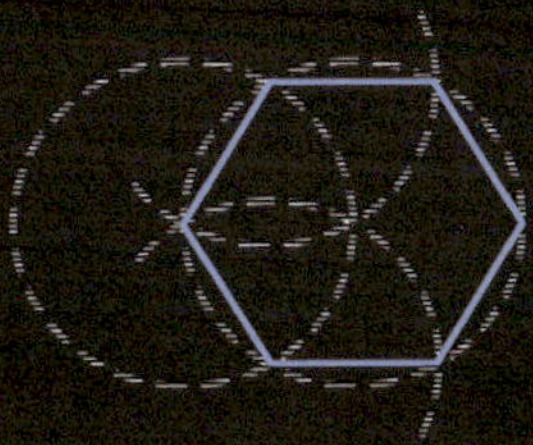

Hexagon

7 Tage der Schöpfung

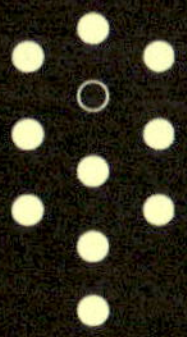

Samen & Baum des Lebens

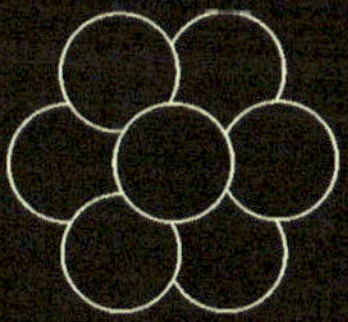

Ei & Blume des Lebens

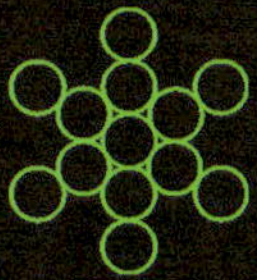

Frucht des Lebens

Metatrons Würfel

Im Umgang mit der Heiligen Geometrie, also mit den Urmustern, die unserer Schöpfung zugrunde liegen, können wir zu jeder Zeit tiefste Informationen spüren und entdecken, ganz egal, aus welchem Blickwinkel heraus wir uns ihnen nähern. Unseren Blick für diese Strukturen und für ihre versteckten Inhalte können wir öffnen und schulen dadurch diesen für die Metaphysik, also für alle Bereiche, die außerhalb der rein messbaren Realität liegen. Ein Öffnen dieser Art verbunden mit unserer Liebe zur Schöpfung bringt uns mit unserer eigenen Spiritualität in Kontakt.

Eine neue Wahrnehmung

Viele Beobachtungen deuten für mich darauf hin, dass wir uns in einer Zeit befinden, in der sich unsere Blick- und Sichtmöglichkeiten gerade massiv verändern. Selbst wenn die Erweiterung unserer Sicht uns nicht unmittelbar bewusst ist, können wir im Außen Indizien finden, die uns neue Blickwinkel und vor allem neue Fähigkeiten des Menschen aufzeigen. Bekannte Künstler, die dieses Spiel mit dem Blick in ihren räumlichen Installationen nutzen, sind Bernard Pras, Rashad Alakbarov und der Schweizer Markus Raetz.

Bernard Pras fügt in einem Raum einzelne und für sich allein betrachtet unbedeutende Gegenstände, unter anderem auch Müll, zusammen. Der Betrachter sieht einen unstrukturiert mit Gegenständen angefüllten Raum, wundert sich vielleicht über den »Unsinn«, der da herum-

DEFENS
TOUCHER
POSTES

liegt. Selbst wenn er sich um die Anordnung herum bewegt, entdeckt er immer neue Eindrücke des Un-Sinnigen. Er kann daraus keinen Zusammenhang erkennen, bis er letztlich die Position des Meisters einnimmt: Von einem bestimmten Punkt aus betrachtet, zeigt sich dem Sehenden ein Arrangement in vollendeter Schönheit.

Umgekehrt zeigt uns das Kunstwerk von Rashad Alakbarov ein für uns erkennbares Muster auf einer 2D-Fläche. Durch das Beleuchten einer 3D-Figur, welche für unsere Sinne aus willkürlich angeordneten Stäben besteht, die von einer gerichteten Lichtquelle beschienen werden, entsteht ein geordnetes Muster.

Hier sind wir der Betrachter, der über das Komplexere das Einfachere entstehen sieht. Das Kunstwerk von Bernard Pras dagegen lässt uns mehr fühlen und erblicken, wie auf einer weiteren Dimension hinter dem Einfacheren wesentlich Größeres verborgen ist, weil unser Blick sich für das Umfangreichere dabei weitet.

Andere Dimensionen erfühlen

Mit diesem Buch möchte ich Ihnen, lieber Leser, Impulse geben, um mit dem Sehen und dem Sich-Sehen zu spielen zu beginnen. Somit beschleunigen wir die allgemein angebrochene Entwicklung unseres neuen Sehens. Denn eine neue Sichtweise wird es sein, die sich uns selbst neu sehen, neu empfinden und neu verstehen lässt und die uns unser Umfeld mit neuem Verständnis erfahren lassen wird.

Vor vielen Jahren, noch während meines Studiums der Architektur, lernte ich im Fach Kunstgeschichte, wie der Mensch in der Kunst über die Zeiten hinweg in der räumlichen Darstellung seine eigenen Raumerfahrungen ausdrückte. Seit dieser Zeit beschäftigte mich folgende Frage:

Wie wird es sein, wenn der Menschheit eine weitere Dimension bewusst wird?

Rückblickend können wir über all die Darstellungen, die die Künstler über die Jahre hinweg hinterlassen haben, in das Erfahren der dreidimensionalen Räumlichkeit des Menschen hineinblicken. Drückt der Künstler von heute eine weitere Dimension vielleicht gar schon jetzt aus? Eventuell in einer Art neuer Bedeutungsperspektive und unser aktueller Blick kann diese Inhalte nur noch nicht bewusst erkennen?

Wie kam ich auf diese Frage? Bereits in meiner Schulzeit interessierte ich mich für Mathematik, insbesondere für Geometrie. Ich bemerkte, dass ich ein starkes Empfinden zum Umgang mit Räumlichkeit hatte, und ich hatte Freude am Wandeln durch vereinfachte Abbildungen des erfahrenen dreidimensionalen Raumes, ob gezeichnet oder konstruiert.

Besonders beflügelte mich aber der Grenzbereich des auf weitere Dimensionen erweiterten Raumes, der zwar rechnerisch für den Mathematiker noch greifbar, für unser menschliches Erfahren aber sehr entfernt, wenn nicht sogar unzugänglich ist. Umso mehr erstaunte es mich, dass ich Ergebnisse erfühlen konnte – den Rechenweg dagegen musste ich mir dann danach, manchmal sogar mühsam, erarbeiten.

Auf diese Zeit geht meine gefühlte Erfahrung zurück, dass sie in unserem Kollektiv kommen wird: eine erlebte Erweiterung des dreidimensionalen Raumes in einen weiteren Potenzialraum, den ich als weitere Dimension sehe. Ich meine hier ausdrücklich nicht die Zeit als Komponente für die Erweiterung einer Dimension. In meiner Betrachtung definiere ich Zeit nur als die erfahrene Veränderung zwischen dem Erleben an verschiedenen Örtlichkeiten im Raum.

Was also ist in meiner Betrachtung eine Erweiterung auf eine weitere Dimension?

Mit dem Wort Dimension bezeichne ich gerade einerseits einen gefühlten und gelebten Seins-Zustand und andererseits einen auch für unseren Verstand greifbaren und rationalisierbaren Zustand. Wie es der spirituelle Meister Matt Kahn ausdrückt, leben wir mit jedem Zugang zu einer weiteren Dimension einen neuen umfangreicheren Seins-Zustand:

DIE 3. DIMENSION SAGT:
HIER GIBT ES TIEFERES ZU ERFORSCHEN.

Die 4. Dimension sagt:
Hier ist alles vorhanden,
was ich aus dem Erforschen gelernt habe.

Die 5. Dimension sagt:
ICH BIN, was ich erforscht habe.

Die 6. Dimension sagt:
Erforschung ist das eine ICH BIN.

Die 7. Dimension sagt:
ICH BIN der EINE, der sich selbst erforscht.

Die 8. Dimension sagt:
ICH BIN der EINE, der EINE ICH BIN.

Für mein Empfinden hat ein Dimensions-Seins-Zustand auch in der Stofflichkeit ein Pendant. Und selbst wenn es dies nicht hätte, so kann uns doch die Beschäftigung mit der Dimension in den beiden verschiedenen Bereichen Erfühlen und Erfahren unsere gesuchte Ausdehnung bringen.

So möchte ich auch hier nicht eine fertige Theorie in den Raum stellen – als Erkenntnis oder Fakt –, sondern auch da zum eigenen Spiel anregen. Denn es ist das Spiel selbst, das uns wachsen lässt.

Wie stelle ich mir dieses Spiel vor und wie wird es uns gleichzeitig eine Antwort auf die Frage der Erweiterung auf eine weitere Dimension geben?

Betrachten wir hierzu, wie die einzelnen Dimensionen aufeinander aufbauen und auseinander hervorgehen:

Stellen wir uns vor, wir sind nichts als ein Punkt. Wenn wir die Wirklichkeit eindimensional erfahren, dann nehmen wir uns als dieser Punkt nur in einer Linie liegend bzw. von einer Linie wahr, die auch nur den Punkt genau umfasst. Wir können uns nur vor und zurück bewegen. Wir nehmen auch nur ausschließlich Punkt-Möglichkeiten auf dieser Linie wahr. Warum? Unser Blick ist starr in eine Richtung gerichtet und lässt keine weitere zu.

Wenn wir unseren Blick aus dem Punkt und mit Verständnis der Linie aus ihr heraus um 90 Grad drehen, können wir erstmals erfassen, dass eine unendliche Anzahl von Punkten jeweils eine Linie bildet und diese Linien wiederum wie Stäbchen nebeneinander in unendlicher Anzahl parallel liegend sich zu einer unendlichen Ebene eines zweidimensionalen Raumes vereinen.

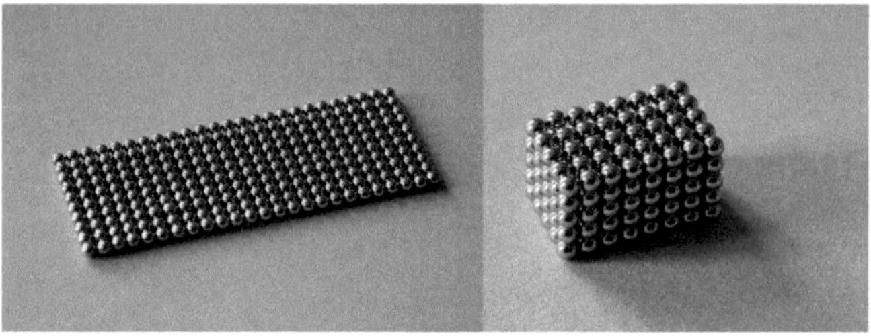

Weiten wir unseren Blick aus, und zwar mit einem zur Ebene um 90 Grad senkrechten Winkel, so nehmen wir wahr, dass sich über- und untereinander eine unendliche Anzahl solcher Ebenen stapeln. Sie alle zusammen bilden einen unendlichen dreidimensionalen Raum.

Welche kuriosen Abenteuer die Reduzierung auf nur zwei Dimensionen aufgrund der eingeschränkten Sicht mit sich bringt, hat der Autor Edwin A. Abbott bereits im Jahre 1884 in seinem Büchlein *Flächenland* deutlich gemacht. Die Begegnung der Bewohner in Flächenland mit einem 3D-Wesen aus dem Raumland zeigt sich als echte Herausforderung darin, dass die Eigenschaften dieser höheren Intelligenz so gar nicht begreifbar sind.

Ich zitiere aus seinem Buch: »… Sie können ja nicht aus der Fläche heraus sehen, und können mich daher immer nur teilweise als Kreis wahrnehmen. Sehen Sie her, ich werde mich erheben; die Wirkung auf Ihr Auge wird sein, dass mein Kreis kleiner und kleiner wird, bis er zu einem Punkt zusammenschrumpft und schließlich ganz verschwindet.«

Habe ich mich also mit meinem inneren Spielen – dem Erkunden von Dimensionen – bis hierher »bewegt«, so stehe ich nun der Herausforderung gegenüber, diese Erfahrung mit Körper, Seele und Geist zu erleben und weiterzuführen. Als ganzheitliche Erfahrung ist sie uns noch fremd. Im Kollektiv ist sie noch nicht erfahrbar. Vielleicht wurde sie aber von Einzelnen bereits erfahren, jedoch behaupte ich, dass sie noch nicht stabil erlebbar oder gar stabil steuerbar ist, mit Ausnahme von außergewöhnlichen Meistern.

Aufgrund der Gesetzmäßigkeit, die ich während der Entwicklung eines Punktes im 1D-Raum über den Punkt im 2D-Raum zu einem Punkt im 3D-Raum trainiert habe zu verstehen und jetzt auch trainiert habe zu fühlen, erwarte ich, dass eine weitere 90-Grad-Drehung mich in einen weiteren höheren »Raum« bringen wird. Ich beginne also damit zu spielen, was es bedeuten könnte, mich nochmals um 90 Grad zu drehen.

90-Grad-Bewegungen

Der spirituelle Lehrer Drunvalo Melchizedek beschreibt ausführlich einen Lichtkörper der Mer-Ka-Ba, den wir benötigen, um von einer Dimension auf die nächste zu wechseln. Zur Zeitenwende 2012 hat er seinen Schülern ein Video zur Verfügung gestellt, in dem er einen noch fehlenden Schritt beschreibt. Eine 90-Grad-Drehung zum Zentrum der Galaxie hin soll beim endgültigen Schritt von einer Dimension auf eine neue notwendig sein.

Er beschreibt eine Bewegung, die erst in unser Herz hineinführt, und danach eine Blickwinkeländerung und Bewegung um 90 Grad in das Zentrum der Galaxie.

Zugleich spielt in seinen Lehren eine weitere 90-Grad-Bewegung eine Rolle, nämlich die Drehung unserer Zirbeldrüse. Unsere Zirbeldrüse ist ein wenig beachtetes, kleines Drüsenorgan in etwa der Mitte des Kopfes. Drunvalo Melchizedek beschreibt in seinem Buch *Aus dem Herzen leben*, dass wir mit unserer Aufmerksamkeit – unserem Seins-Sitz – an unseren ursprünglichen Platz im Herzen zurückkehren sollen. Von dort aus verbinden wir uns mit dem Gehirn und drehen dabei die Gewichtung und die Wahrnehmung des Ortes, von dem aus wir uns erfahren und erleben, um.

Statt dass wir uns als ein Wesen wahrnehmen, das sich im Kopf sitzend steuert, werden wir zu einem Wesen, das sich im Heiligen Herzensraum selbst erfährt und von dort aus »sieht«. Dieses Sehen aus dem Herzensraum beschreibt Drunvalo als ein Wahrnehmen vom Herzen ausgehend über eine energetische Verbindung, die in den Schädel und dort zur Zirbeldrüse führt. Dabei spielt die Zunge eine wichtige Rolle. Ihr ist es möglich eine direkte physische Verbindung vom Herzen zum Gaumenboden herzustellen. Die Zunge ging in einem früheren Entwicklungsschritt aus dem Gewebe des Herzens hervor und bleibt weiterhin mit ihm über den Bindegewebssack des Pericardiums verbunden. Die Berührung und Stimulation von Zunge und Gaumenboden ergeben so den Energieschluss zwischen Herz und Kopf.

Als ein weiteres Organ zum Sehen steht uns dann auf ätherischer Ebene die gedrehte Zirbeldrüse zur Verfügung. In diesem Zusammenhang beschreibt Drunvalo eine Beweglichkeit um 90 Grad. Diese Art des Sehens wird in alten spirituellen Texten gerne als das Sehen aus dem Einzigen Auge bezeichnet. Spezialist zum Thema Auge, Sehen, Sicht, Licht und Zirbeldrüse ist Jacob Libermann. Sein Buch *Lichtmedizin* ist eine weiterführende Anregung für Sie.

Die Schlüssel sind also Verständnis über das Blicken und das bewusst erlebte und gefühlte DASEIN im JETZT in dem Raum, den es zu erfahren gibt.

Selbsterfahrung durch Heilige Geometrie

Brandaktuell wurden all diese meine Erfahrungen wieder, als ich über mein Interesse an Spiritualität, Religion, Esoterik und Ethnologie immer wieder mit dem Gedanken eines Paradigmenwechsels, einer kommenden großen Veränderung konfrontiert wurde.

Dieses Zusammenkommen von zwei Seiten, der Spiritualität und des Erfahrungsbereiches des Nichtsichtbaren mit den Naturwissenschaften, mit Mathematik, Physik und Astronomie, wo alles Erfahrbare greif- und messbar gemacht wird, zeigt für mich einen fundamentalen Grundsatz des Lebens, wie wir es erfahren: Hier in unserem Erfahrungsbereich verbinden sich die Eindrücke und das Erleben aus einem höheren und einem niedrigeren Schwingungsbereich kommend. Mit anderen Worten: eines von zwei Richtungen aus der Quelle hervorgehenden Schwingens.

In den folgenden Kapiteln möchte ich uns erfahrbar machen, wie wir einerseits unseren Blick spielerisch in Bewegung bringen und wie wir andererseits uns neu im Raum empfinden, um uns schließlich zu öffnen für den Sprung hinein in die Wahrnehmung von uns selbst im nächsthöheren Zusammenhang.

Was eignet sich da besser, als unser eigenes Verständnis zu aktivieren durch die Beschäftigung mit den Strukturen des Seins, die der Mensch seit Tausenden von Jahren über die Zeiten des Wissens und Vergessens hindurch in heiligen geometrischen Figuren und Zeichnungen weitergetragen hat?

Die Heilige Geometrie stellt uns dieses Wissen in ihren Darstellungen bewusst oder noch nicht bewusst zur Verfügung. In unserer Beschäftigung und Auseinandersetzung mit ihr können wir uns in einem vereinfachten Spielfeld des Lebens Erfahrungen aneignen, die wir dann in unserem eigenen gefühlten Leben selbst ins DASEIN leben können.

Der Sandkasten

Über die Heilige Geometrie sind schon viele Texte geschrieben worden. Den Aspekt, uns selbst in der Heiligen Geometrie zu spüren, möchte ich in uns allen anregen, sodass wir uns in ihr mit unserem ganzen Sein eingebettet empfinden. Ich spüre, wie diese Sichtweise uns in eine neue Seins-Weise führt.

Ich freue mich, wenn ich Sie dazu anregen kann, alle Ihre Sinne zu öffnen und sich spielerisch voranzubewegen wie ein Kind, welches zum ersten Mal einen Sandkasten entdeckt. Bildlich gesehen sehe ich vor meinem inneren Auge einen Sandkasten, in dem die Muster und Gesetze, die wir Heilige Geometrie nennen, uns als Sand zur Verfügung stehen. Als Beobachter können wir darauf sehen und diese analysieren. Tausende von Jahren haben wir am Rand dieses Sandkastens gesessen und auf die wunderbaren Formen, Figuren und Zusammenhänge geschaut. In der Vergangenheit gab es Zeiten, in denen sie geehrt und geachtet wurden, und andere, in denen die Menschheit sie geradezu distanziert missachtete und auf Abstand zu den geometrischen Formen ging.

Mein tiefes Empfinden ist, dass es jetzt an der Zeit ist, in den Sandkasten hineinzuspringen, sich in den Zusammenhängen und Sandkörnchen zu wälzen, zu drehen, zu spielen und mit ihnen zu bauen. Als Beobachter vom Rand aus können wir uns nicht als Mitschöpfer empfinden.

Sobald wir durch die Kräfte des Lebens, von Wind und Wasser bewegt werden, fühlen wir uns als Zuschauer oder Betroffener eines mehr oder weniger guten Films. Wenn wir Glück haben, empfinden wir dies als schön und geben uns einfach dem Beobachten hin. Aber in unserem Leben haben wir auch viele Erfahrungen als Zeuge und als Unwissender

gemacht, die keine Harmonie und nicht das Gefühl des Eins-Seins mit dem Geschehen im Sandkasten entstehen ließen.

Weil diese Harmonie des Eins-Seins und Eins-Empfindens nicht stattfindet und wir uns außerhalb dieses Materials Sand empfinden, wird uns das ständige Spiel des Lebens, das Spiel der Teilchen, der Einfluss von Kräften, auf die wir nicht selbst Einfluss nehmen können, zur Last und Belastung und letztendlich beängstigend.

In meinem eigenen Leben zeigt es sich mir immer mehr, dass sich mein Empfinden auf angenehme Weise stark verändert hat, nachdem ich das Spiel begonnen habe und mehr und mehr zugelassen habe, das ich mich in dem Ganzen und als Teil des Ganzen darin enthalten fühle. Je nachdem, wie ich mich sehe – als ein Teilchen von vielen, als mit den Teilchen Spielende, als die Zulassende oder als Teilhaberin –, hat sich meine Wahrnehmung drastisch verändert und bringt Begeisterung und Freude.

Sich als ein Teilchen aus dieser Position heraus zu sehen, bedeutet gleichzeitig, einzeln und ganz zu sein und paradoxerweise auch ein Teil des Ganzen zu sein. Das ergibt ein übergeordnetes Bild: eingebunden als Teilchen am richtigen Platz, wie eine Zelle im Körper, in voller Schönheit in der großen Gesamtheit.

Einladung

Ich möchte Sie einladen zu einer Reise in die Schöpfung, zu einer Reise in das Sein hinein und zu einem neuen Blick aus der Schöpfung heraus. Wenn wir uns mit ihr eins empfinden, wenn wir von einer neuen Warte aus diese Schöpfung in ihrer Ordnung in der Heiligen Geometrie wahrnehmen und diese Heilige Geometrie auch in unserem eigenen Sein empfinden, dann wird alles, was wir aus diesem neuen Winkel des Seins heraus fühlen, denken und wahrnehmen, automatisch im Einklang mit der großen Schöpfung sein.

Wenn wir daran glauben, dass diese Schöpfung das Beste für uns möchte, dass diese Schöpfung aus unendlicher Liebe zu allem, was geschöpft ist, besteht, dann wird auch unser ganzer Ausdruck im Einklang mit diesem Schöpfungsmuster entstehen und unser Ausdruck wird nichts anderes mehr sein als ein Dem-göttlichen-Prinzip-Folgen.

Durch die einzelnen Schritte hinein in das Erfahren der Schöpfung und in das Blicken aus der Schöpfung heraus werde ich Sie in den einzelnen Kapiteln Schritt für Schritt führen.

Unser gewählter Zugang wird die Heilige Geometrie sein. Die Heilige Geometrie bietet uns den großen Vorteil, dass wir sie nicht mit einer speziellen Glaubensrichtung verbinden. Heilige Geometrie steht direkt mit Form und Ausdruck der Schöpfung in Verbindung und erst aus ihr heraus haben die einzelnen Religionen oder spirituellen Richtungen Symbole für sich beansprucht. Gehen wir an ihre Wurzeln, so können wir uns vollkommen unbelastet mit ihr beschäftigen und unser Hineinfinden in die Schöpfung spielerisch gestalten.

Wir Denker und Konditionierte der westlichen Welt haben es schwer, uns inmitten einer göttlichen Stofflichkeit wahrzunehmen. Wir nehmen Stofflichkeit – unseren materiellen Körper – nicht mehr als göttlich wahr und wir nehmen uns nicht mehr als in ihr und aus ihr heraus sehend wahr. Wir haben uns außerhalb der Schöpfung gestellt und sehen sie an. Genau an dem Punkt kann uns die Tatsache, dass wir vorher die Heilige Geometrie und die Schöpfungsstrukturen von außen betrachtet und sie analysiert haben, hilfreich sein.

Wenn wir von innen in das Sein hineinschauen, können wir wieder innere Bilder zur Hilfe nehmen. Und auch die Bilder der Heiligen Geometrie und der Schöpfungsmuster zeigen sich, jedoch aus einer neuen Perspektive, aus einem neuen Blickwinkel und in einem neuen Umfang. Um uns hineinzufinden in das »Netz« des Daseins, dienen uns immer wieder Hilfsbilder und sie zeigen uns, in einer Mischung aus Fühlen und Denken, wie es wohl aussieht, wenn wir in diese Geometrie, die die Schöpfung selbst ist, hineinschauen.

Ein Experiment

Ich möchte Sie, lieber Leser, dazu anregen, diesen neuen Blick aus der Geometrie heraus in die Geometrie hinein einfach als Experiment zu sehen. Machen wir uns auf, das auf verschiedenste Art und Weise auszudrücken. Erspüren wir eine Geometrie, eine Heilige Geometrie, und nehmen wir uns als Bestandteil in ihr wahr, wo immer wir eine Idee und Anregung dazu finden. Sie werden bemerken, dass diese Veränderung des Blickwinkels eine völlig neue Seins-Art mit sich bringt, die wir im Moment noch nicht beliebig lange einnehmen können, aber, so wie ich es spüre, schnell zunehmend mehr und mehr.

So möchte ich uns beleuchten, wo und wie wir uns am leichtesten hineinfühlen können, und lade Sie, lieber Leser ein, mich auf meinem Weg HINEIN zu begleiten und mit mir zusammen zu blicken.

Meditation

Ein erstes Erspüren der Dimensionen

Wie ein Koan, eine nicht durch Denken zu lösende Frage, die Zen-Meister ihren Schülern zu stellen pflegen, können wir die Sätze von Matt Kahn über die Veränderungen von Dimension zu Dimension reflektieren.

Die 3. Dimension sagt:
Hier gibt es Tieferes zu erforschen.

Die 4. Dimension sagt:
Hier ist alles vorhanden,
was ich aus dem Erforschen gelernt habe.

Die 5. Dimension sagt:
ICH BIN, was ich erforscht habe.

Die 6. Dimension sagt:
Erforschung ist das eine ICH BIN.

Die 7. Dimension sagt:
ICH BIN der EINE, der sich selbst erforscht.

Die 8. Dimension sagt:
ICH BIN der EINE, der EINE ICH BIN.

Kapitel 2

Die Kraft des Universums
wird Dir zur Seite stehen,
wenn Dein Herz
und Dein Verstand
eine Einheit bilden.

WEISHEIT DER LAKOTA

Die eigene Mitte finden

Auf den bisherigen Seiten habe ich bereits erste Impulse darüber gegeben, wie wir uns über die Beschäftigung des Hineinfühlens in geometrische Strukturen – und dabei ganz besonders in die Symbole der Heiligen Geometrie – auf einen Weg begeben können, der uns über den aktuellen Blick hinausbringen kann und wird. Diese These möchte ich im Weiteren in einzelnen Schritten als eine Art von Weg bzw. als eine Reihe von Bausteinen aufzeigen, die sich selbst zu einem Weg zusammenfügen oder an einen bereits eingeschlagenen Weg anknüpfen lassen.

Grundvoraussetzung für das Wagnis hinein in die Geometrie des Lebens und somit in das Ursprungswesen des Lebens ist, dass wir uns in unserer eigenen Mitte befinden.

Zweifelsfrei sind wir immer mit unserem Sein in der Geometrie des Lebens eingebettet. Aber in unserer Kultur tendieren wir dazu, uns entweder möglichst weit über den Zusammenhang allen Lebens, »the Fabric of Life«, zu erheben und unser Dasein zu rationalisieren oder wir sind abgeschreckt und unser Herz ist voller Schmerz, sodass wir uns nicht voll in dieses Sein hineinwagen.

Welchen Zustand bezeichne ich mit »in der eigenen Mitte sein«?

Auf folgender Abbildung sehen wir das elektromagnetische Feld des Organs Herz. Das amerikanische HeartMath-Institut zeigt uns in seinen Studien, dass von allen Organen das Herz das stärkste und größte Feld erzeugt. Dieses Feld bildet sich vom physischen Herzen ausgehend in Form eines Torus aus. Genauer gesagt sind es zwei ineinanderliegende Torusformen, die erzeugt werden.

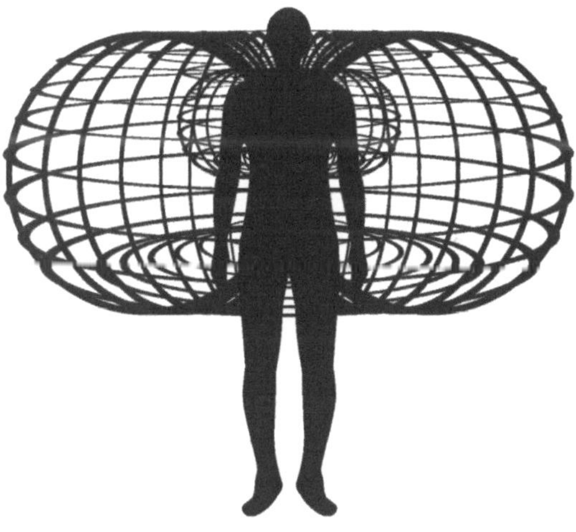

Seit vielen Jahren beschäftigt sich das HeartMath-Institut mit dem Herzen und mit der von ihm ausgedrückten Gefühlslage. HeartMath macht uns Impulse des Herzens sichtbar, die sich grafisch aufzeigen lassen und die absolut eindeutig mit dem Empfinden der Person in Verbindung stehen, die diese Impulse hervorruft.

Mit seinem Biofeedback-System gibt HeartMath dem Interessenten seit Jahrzehnten Rückmeldung, wie er die von seinem Herzen ausgesandten elektrischen Ströme in ein kohärentes Schwingungsmuster bringen kann, in eine Herzratenvariabilität, die gleichmäßig rhythmisch auf- und abschwingt. Dazu eignen sich Meditationstechniken und andere Methoden, mithilfe derer der Übende seine Liebesfähigkeit und Dankbarkeit erhöht.

In den Forschungen zeigt sich für den Menschen klar der Zusammenhang zwischen dem »Herzensbefinden« und dem Erleben im Außen.

Der Forscher Nassim Haramein, der in seinen Betrachtungen Physik und Spiritualität verbindet, bezeichnet das Herz als unsere Empfangsstation, die die Signale an unser Gehirn weiterleitet. Die Kanalauswahl bestimmt unser Herz.

So ist es für unser Bauchgefühl und unseren Verstand naheliegend, dass es die Pflege unseres Herzens ist und somit unserer Herzlichkeit und aller Eigenschaften, die mit dem Herzen in Verbindung stehen, die unser eigenes Empfinden maßgeblich bestimmt.

Verschiedene Wege, die das Empfinden grundsätzlich unterscheiden

Meine Erfahrung ist es, dass ich mich zu mir selbst, zu mir im Körper und sogar zu allem um mich herum aus komplett verschiedenen Warten aus empfinden kann. Ich beschreibe diese beiden grundverschiedenen Varianten zusammengefasst so:

Variante 1 – altes Paradigma:

Wenn ich genau hinspüre, fühle ich mich in der einen Empfindungsweise wenig verbunden mit dem Leben um mich herum. Meine Verbindung spüre ich, wenn überhaupt, nur zu den Wesen und Umständen, die mich fördern. Alles andere empfinde ich als ein mehr oder weniger unangenehmes Gegenüber. Der Verstand sucht und findet jede Menge rationale Gründe, die den Abstand und die Kluft zu dem Gegenüber noch weiter aufbauen.

In diesem Empfinden fühle ich mich nicht einmal in meinem Körper wirklich zu Hause. Auch ihn fühle ich beinahe als ein Gegenüber. Wenn nicht von Anfang an, dann zumindest ab dem Moment, indem er zum Beispiel erkrankt.

Variante 2 – neues Paradigma:

Auf meinem zweiten, dem andersartigen Empfindungsweg fühle ich mich inmitten des Lebensnetzes selbst. Das Leben zeigt sich mir in Bereichen näherer und fernerer Direktheit. Ich fühle mich inmitten meiner Daseins-Körper als

Gesamtheit und einzeln erlebte Körper, erfühle mich physisch, mental, emotional und spirituell. Spüre mich innerhalb all meiner Zellen, sie aus der Mitte heraus bewohnend, und spüre genauso all meine energetischen Körper. Ich spüre, wie sich alles Leben ineinander über den geteilten Raum der Energiekörper vermischt und wie es über das geteilte Luftvolumen, durch das alles Leben atmet, verbunden ist.

Diese Nähe ruft in mir das Gefühl hervor, Teil eines einzigen großen Organismus zu sein. Je größer ich dieses Empfinden wachsen lasse, desto mehr umfasst dieser Organismus. Für mich fühlt es sich an wie Zelle in Organ in Organismus.

Wenn ich also im Weiteren von »in meiner Mitte sein« spreche, dann meine ich ein Empfinden, das sich auf dem Weg mehr und mehr von Variante 1 zu Variante 2 wandelt.

Variante 2 stellt für mich eine wirklich neue Erfahrung dar. Sobald ich in sie hineinwuchs, bewegte sich deutlich etwas in meinem Innen- und Außen-Verständnis, in meinem Selbst-Verständnis. Dieses Hineinwachsen war verbunden mit dem direkten Annehmen meiner Verantwortung für mich selbst bzw. mein Empfinden und einem Verstehen, dass mein eigenes Befinden in direktem Zusammenhang mit dem Großen steht. Verbinde ich mich mit dem Großen in Liebe, so diene ich ihm und mir in einem Wechselspiel im Lebensnetz.

Erster Schritt: Die Mitte zwischen Mutter- und Vater-Energie einnehmen

Unsere Balance zwischen Mutter- und Vater-Energie wird in diesem Dasein wahrscheinlich nicht genau mittig liegen. Für die meisten von uns sind Kindheit und Jugend nicht geprägt von durchgehend liebendem Erfahren unserer beiden physischen Eltern und nahen Bezugspersonen. Durch unsere persönlichen Erfahrungen und auch durch unsere kulturelle Sichtweise und Erziehung sind wir aus der Mitte zwischen den männlichen und weiblichen Energien und somit auch aus der Mitte unserer eigenen Energien geraten.

In einem Zyklus von ca. 26.000 Jahren ändert sich die Ausrichtung der Achse unseres Planeten im Raum in einer Bewegung ähnlich der eines Kreisels, dessen Achse in schiefer Stellung einen kleinen Kreis beschreibt, während der Kreisel rotiert. Dabei zeigt ca. 13.000 Jahre lang die Erdachse zum Zentrum der Galaxie. Diesen Zeitraum bezeichnet man als den Tag im Platonischen Jahr. Die darauffolgenden ca. 13.000 Jahre lang zeigt sie vom Zentrum der Galaxie weg, was der Nacht im Platonischen Jahr entspricht. Auch die großen schöpfenden Energien schwingen in diesem Rhythmus. Die Tag-Energie dieses großen Zyklus lässt die Schöpfungsenergien für Lebensfülle frei, in der Nacht-Energie zieht sich die Energie zurück und die männlichen Fähigkeiten zum Schützen des Vorhandenen wachsen an.

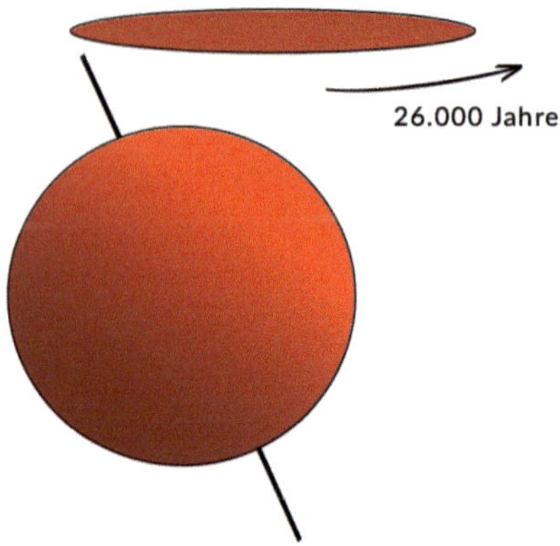

Eben bricht ein neuer Tag in diesem großen Kreislauf an. Im vergangenen Zeitraum von ca. 13.000 Jahren, der Nacht im Platonischen Jahr, hatten sich die gesellschaftlichen Strukturen und Werte weithin zur Bevorzugung der männlichen Energien gewandelt. So ist bei fast allen Menschen die Beziehung zur weiblichen Energie, zu unserer Mutter Erde, auch Gaia genannt, so weit in den Hintergrund geraten, dass die Menschen zwar Gott im Himmel sehen, aber unser Leben auf der Erde nur als ein zu überwindendes Stadium betrachten. Im günstigsten Fall ehren sie die Natur und Gaia auf einer niedereren Stufe als den Himmel.

Machen wir uns wieder bewusst, dass wir aus einer übergeordneten Struktur entspringen und dass wir, egal auf welcher Ebene wir uns befinden, innerhalb dieser Schöpfung aus beiden Energien hervorgehen und beide

Energien, die männliche wie die weibliche, in uns selbst verkörpern. Daher ist es äußerst wichtig, beide Energien in uns in Gleichklang zu bringen.

Unsere Verbindung mit Mutter Erde und Vater Himmel

Als ersten Schritt auf dem Weg in unsere eigene Mitte empfehle ich zu prüfen und genau zu beobachten, ob wir mit der weiblichen Energie von Mutter Erde verbunden sind und ob wir diese und die männliche Energie von Vater Sonne auf ausgeglichene Art und Weise ehren. Können wir beide Energien als unsere Schöpfungsenergien annehmen? Als Energien, die uns in diesem Dasein über unsere leiblichen Eltern ins Leben gebracht haben?

In den meisten unserer Kulturkreise haben wir die Heiligkeit des Stofflichen völlig aus den Augen verloren und ohne es zu bemerken, verschmutzen wir fast bei jedem Schritt die Energie und die Stofflichkeit unseres Heimatplaneten Gaia. Dieses Empfinden ist uns so weit abhandengekommen, dass wir die Erde selbst, das fallende Laub der Bäume oder den Grashalm zwischen Pflastersteinen, als schmutzig ansehen.

Fühlen wir, dass wir nur zögerlich das Irdische selbst annehmen, und dass wir unser eigenes gottgegebenes Erdendasein, geschweige denn unseren Körper, nur schwer lieben und schätzen. Machen wir uns auf den Weg, uns über unsere Liebe zu Vater Himmel und Mutter Erde wieder in die Mitte zwischen ihnen zu lieben, sodass wir uns wieder als ihr geliebtes Kind-Wesen empfinden können und so unseren eigenen Wert wieder in diesen Zusammenhang bringen.

Meditation zu Beziehung zu Mutter Erde und Vater Himmel

Fühlen wir, wie wir aus Körper und Geist bestehen. Wie wir eine Überlagerung von zwei verschieden schwingenden Energien sind: der Energie von Mutter Erde und der Energie von Vater Sonne. Seien wir uns bewusst, wie die Einstellung der Wahrnehmungsskala unserer Sinne bestimmt, welchen Schwingungsbereich wir als fest oder nicht fest wahrnehmen. Verschieben wir in der Meditation unsere Skala und nehmen wir uns ganz, d. h. auch all unsere Körperzellen, als pulsierendes Licht wahr.

Spüren wir uns nun als die sich überlagernden Schwingungen von Vater und Mutter, welche uns in unser Dasein kristallisieren. Verdeutlichen wir dieses Bild, indem wir uns selbst in dieser Überlagerung so sehen, dass Mutter Erde sich von unten über uns ausdehnt und Vater Himmel uns gleichzeitig von oben kommend einschließt.

Spüren wir, wie es eine energetische Linie ist, die durch uns fließt und an der wir vertikal unsere perfekte Position ausbalancieren. Behalten wir dieses Gefühl bei, an beiden Energien gleichermaßen Teil zu haben, und bewegen wir uns, zurück aus der Meditation, immer wieder bewusst in dieser »Blase«.

Zweiter Schritt:
Unsere innere Mitte finden

Nehmen wir als bildliche Analogie dafür zuerst unsere physische Schwerkraft-Mitte des Körpers als Beobachtungsbeispiel.

In unsere Schwerkraft-Mitte finden

Stehend gehen wir dazu in Meditation, verbinden uns mit Mutter Erde und Vater Himmel. Wir erfühlen und finden die eigene physische Mitte, den Schwerpunkt unseres 3D-Körperseins, und erkunden ihn mit geschlossenen Augen. Wir beobachten, wie wir leichte korrigierende Bewegungen machen, die uns in unsere Schwerkraft-Mitte führen.

In unsere ätherische Mitte finden

Auf ähnliche Weise können wir unsere ätherische Mitte finden und spüren. Meine ätherische Mitte ist für mich das Zentrum, in dem ich mich in meinem Existenzbereich auf allen Ebenen perfekt in Balance befinde und mit allem nicht Sichtbaren verbunden bin.

Diese ätherische Mitte durfte ich, nachdem ich sie in jungen Jahren ohne Vorwarnung ganz plötzlich erlebt hatte, auf meinem spirituellen Weg mit Drunvalo Melchizedek tief erfahren und verstehen lernen. Gerne erzähle ich Ihnen von meinem eigenen Weg, damit Sie ein Gefühl für Ihre eigene Mitte erhalten.

Meditation

Die Mitte zwischen Himmel und Erde finden

Suchen Sie sich einen ruhigen Platz im Haus oder besser noch in der Natur, an dem Sie ungestört einige Minuten verweilen können. Schließen Sie die Augen und lenken Sie Ihre Aufmerksamkeit ganz nach innen. Atmen Sie tief und gleichmäßig. Über Ihre Schwerkraft spüren Sie Ihre Körperlichkeit. Ihr Körper lebt auf einem großen Körper. Dieser große Körper stellt Ihnen seine Energie als Stofflichkeit zur Verfügung.

Fühlen Sie diesen großen Körper als Mutter Erde. Ihr Licht schwingt langsam. Machen Sie sich bewusst, dass es auch Ihr eigenes Licht ist, das Sie als fest wahrnehmen.

Fragen Sie sich: Wer nimmt dieses Licht als festen Stoff wahr?

Verschieben Sie Ihre Mess-Skala und spüren Sie, wie Erdenstoff langsam schwingendes Licht ist. Spüren Sie, dass es eine weitere Energie gibt, die Sie formlos umgibt, durchströmt und wärmt. Sie ist für unser Leben lebenswichtig. Sie schwingt von der Sonne kommend die Energie unseres Vaters.

Spüren Sie: Wer nimmt dieses Licht als Wärme wahr?

Seien Sie sich bewusst, dass Sonnenlicht schnell schwingendes Licht ist. Alles ist Licht. Erde und Sonne bringen Leben hervor und erhalten es. In ständigem Kreislauf durchströmt uns Menschen ein Gemisch aus Erde und Sonne, wenn wir Nahrung zu uns nehmen.

Fühlen Sie, wie Sie selbst Anteil von Erde und Sonne sind. Wie sich in Ihnen diese beiden Energien überlagern und Sie hervorbringen und erhalten.

Fühlen Sie sich als Überschneidung von Vater Sonne und Mutter Erde, die in Ihnen und uns allen ihre Liebe als Leben feiern.

Spüren Sie sich in dieser Art von Blase geborgen und erhalten, die in der Überschneidung der Energie von Mutter Erde und der Energie von Vater Sonne entsteht. Diese Blase umgibt Sie als schützender Raum in all Ihrem Sein und Bewegen.

Bleiben Sie sich dieser Blase, die Ihre immerwährende Anbindung an Mutter und Vater ist, weiter bewusst und fühlen Sie auf diese Weise immer wieder Ihre Anbindung zwischen diesen beiden Energien von oben und unten kommend.

Meditation

Der Körpermittelpunkt – Steuerung und Korrektur der Anbindung

Stellen Sie sich in ruhiger Umgebung mit leicht gespreizten Beinen hin, Ihre Arme baumeln locker von den Schultern.

Spüren Sie sich geliebt und geborgen und aus Liebe hervorgebracht von Ihren kosmischen Eltern Mutter Erde und Vater Sonne.

Spüren Sie Ihre Liebe zu Mutter Erde, die sie nährt und Ihnen Ihre Schönheit schenkt.

Spüren Sie Ihre Liebe zu Vater Sonne, der Ihre Lebenskraft erweckt und erhält. Vater Sonne und Mutter Erde bringen Sie in jeder Sekunde neu in tiefer Liebe hervor.

Spüren Sie, wie eine unsichtbare Kraft Sie auf dem direkten Weg mit dem Zentrum der Erde verbindet und auf ihr hält. Wie eine Schnur mit Senklot daran, verläuft eine Anziehungskraft direkt zum Erdenmittelpunkt.

Bewegen Sie sich leicht hin und her und nehmen Sie wahr, wie es einen Punkt in Ihnen gibt, der Ihnen rückmeldet, welchen Muskel Sie einsetzen müssen, um sicher aufrecht zu stehen.

Finden Sie diesen Schwerpunkt in Ihrem Körper und beobachten Sie Ihr Steuern und Korrigieren.

Es ist unser unbewusstes ständiges Steuern und Anpassen, das uns stabil aufrecht in unserem Körper hält. Prägen Sie sich das Prinzip ein und fühlen Sie es im Alltag immer wieder bewusst.

Da die Meditationen teilweise recht komplex sind, finden Sie auf Seite 180 Informationen zu einer Meditations-CD zum Buch.

Mein eigener Weg

Soweit ich zurückblicken kann, interessierte und bewegte mich die Frage: Wie funktioniert das Leben?

Meine Kindheit war von einer katholischen Erziehung geprägt, meine frühe Jugend durch Erfahrungen in einer Gemeinde mit einem jungen und weltoffenen Pfarrer.

Später habe ich durch viele Individualreisen in das außereuropäische Ausland meinen Standort verschoben, meinen Blickwinkel verändert und erweitert. Die Verschiedenartigkeit der Kulturen und Religionen hat mich fasziniert. Grundbaustein für meine »Mitte« aus diesen Erfahrungen der verschiedenen Religionen, Kulturen, Landschaften, Lebensweisen war und ist das Erkennen der Verschiedenartigkeiten, die, wenn man sich direkt in sie hineinbegibt, sich als Variationen des Menschseins selbst fühlen lassen.

Ich studierte viele verschiedene Richtungen, angefangen bei den christlichen Glaubensrichtungen über große Weisheitslehrer wie Paramahansa Yogananda und das Kriya-Yoga bis hin zu dem Forscher Wilhelm Reich und natürlich in den Gebieten der Geometrie, Physik, Psychologie, Philosophie und Mystik.

Als ich mit Drunvalo Melchizedek in Kontakt kam, erfreute mich sehr, dass seine Erfahrungen in Resonanz mit meinen Überlegungen standen. Als spiritueller Lehrer vertiefte er sich ebenfalls in die Verschiedenartigkeit der Betrachtung des menschlichen Bewusstseins. Er studierte bis dahin ca. 72 Lehrer der unterschiedlichsten Religionen und spirituellen Richtungen.

Drunvalo Melchizedek lehrt einen Weg, der uns immer weiter hinein in den ursprünglichen Blick des Einheitsbewusstseins führt. Dieser Blick eröffnet sich uns, nachdem wir uns ganz mit unserem Herzen verbunden haben.

Das Empfinden des Seins im heiligen Herzensraum erfüllt zutiefst meine innere Sehnsucht nach einem Zustand, der sich mir vertraut und bekannt anfühlt. Hier spürte ich ganz klar meine ätherische Mitte. Aus dem Erfahren und Erleben des inneren Herzensraums öffnete sich allmählich ein Blick auf das Äußere aus mir heraus. Diese neue Empfindung sollte (m)ein Schlüssel werden: Mein Blick auf das Leben entsprang mehr und mehr der Wahrnehmung und dem Blick aus dem Herzen heraus. Dabei meine ich dies ganz wörtlich: Ich spürte Kopf und Schultergürtel über mir, die Füße unter mir.

Der heilige Herzensraum

Drunvalo nennt den Platz, an dem wir uns in unserem Herzen wieder mit allem in Verbundenheit finden, den heiligen Herzensraum. Wenn wir ihn einnehmen möchten, ist für uns rational gesteuerte Menschen auch eine gefühlte Bewegung unseres Seins-Zentrums von einer Stelle zur anderen damit verbunden.

So lassen wir uns auf dem von ihm gelehrten Weg ähnlich wie bei schamanischen Reisen als unser Selbst so klein werden, dass wir uns als ein winziges Selbst erfahren können. Als dieses winzige Selbst, auf das wir uns in unserem Körper zusammenziehen und als das sich die Menschen dann meist im Kopfzentrum oder im Bereich des Herzens lokalisiert fühlen, erlernen wir dann, uns im Körper zu bewegen.

Unsere Bewegung als dieses kleine Selbst möchte uns dann in den Bereich des physischen Herzens führen, an einen Ort, den jeder von uns ganz individuell und gleichzeitig auch mit allen und allem, was ist, verbunden wahrnimmt.

Auf dem weiblichen Weg – wobei es keine Rolle spielt, ob wir uns in einem männlichen oder einem weiblichen Körper befinden – setzen wir für diese Bewegung in unser Herz einfach die Intention, dass wir uns in diesen heiligen Herzensraum begeben, dorthin, wo alles Leben miteinander verbunden und eins ist. Und wenn wir in balancierter, liebender Verbindung mit Mutter Erde und Vater Himmel sind, wird uns diese Bewegung an diesen heiligsten Punkt in unserem Körper gelingen.

Auf dem logisch aufgebauten männlichen Weg, wie ihn Drunvalo neben dem weiblichen Weg auch ausführlich für den Blick der westlichen Welt lehrt, erfordert es weit mehr Information und Übung. Sie können diesen Weg in seinem Buch *Aus dem Herzen leben* finden oder in einem der Workshops seiner Lehrer selbst erkunden.

Allen, die den Weg in den heiligen Herzensraum gefunden und erfahren haben, ist gemeinsam, dass sie diesen Ort als einen Ort jenseits unserer üblichen Wahrnehmung empfinden: An diesem Ort spüren wir uns mit allem, was ist, in tiefer Liebe verbunden. Wir erfahren die Nicht-Existenz von Zeit und die innige Verbindung zu allem, was existiert, in bedingungsloser Liebe.

Dieser mit einem speziellen Ort in uns verknüpfte Zustand ist schon seit alters her bekannt. In den Upanischaden finden wir hierzu ein wunderschönes Zeugnis, das schon vor mehreren tausend Jahren niedergeschrieben wurde:

»Wahrlich, so groß dieser Weltraum ist,
so groß ist dieser Raum inwendig im Herzen;
in ihm sind beide, der Himmel und die Erde,
beschlossen;
beide, Feuer und Wind, beide, Sonne und Mond,
der Blitz und die Sterne,
und was einer hienieden besitzt und
was er nicht besitzt, das alles ist darin beschlossen.«

yâvân vâ ayam âkâshas tâvân esho 'ntar-hrdaya âkâsha
ubhe asmin dyâvâ-prthivî antar eva samâhite
ubhâv-agnish ca vâyush ca sûryâ candram asâv
ubhau vidyun-nakshatrâni
yac câsyehâsti yac ca nâsti
sarvam tad asmin samâhitam iti

Die eigene Mitte und der Platz in der Urharmonie

Diesen Zustand und zugleich den Ort meiner eigenen Mitte, den ich jetzt meinen Herzensraum nenne, bewusst wiederzufinden und ihn einnehmen und aus ihm heraus wahrnehmen zu können, hat mich und mein Leben in das Erfahren beglückten Daseins gebracht. In das Erfahren, dass und wie das Leben ein Geschenk ist. Das Erfahren im Herzensraum ist die zentrale Grundlage für mich, von der aus andere Bausteine in mein Leben kamen, die mir seither neue Sichtweisen eröffnet haben und eröffnen. Denn durch die Zentrierung im heiligen Herzensraum, im Schöpfungspunkt meines Universums, kann ich stabil werden, kann ich stabil sein und kann ich das Vertrauen aufbauen, das ich brauche, um all die Vorstellungen meines Verstandes loszulassen und mich dem Leben hinzugeben, Situationen umzudeuten, neu zu sehen und neu zu unterscheiden.

Erspüren wir uns aus unserer Mitte heraus, damit wir uns mit Herz, Verstand und Körper ganzheitlich auf unserem Lebensweg als verkörperter göttlicher Funke bewegen können. In dieser Mitte möchten wir zentriert und balanciert sein, sodass wir unseren Weg mit einem stabilen Fundament versehen können, von dem aus wir uns der neuen Zeitqualität und den Regeln der neuen Zeit und Sichtweise widmen können.

Unsere Mitte bietet uns die Möglichkeit, uns in unserem gesamten Blickwinkel zu verändern und schließlich bleibend an diesen Ursprungsplatz zu begeben, von dem aus wir den Blickwinkel Gottes leben und uns selbst in ein Feld hineinschöpfen können. Die Zeit dazu ist gekommen, holt uns doch die aktuelle Zeitqualität diesen Blick zurück.

Dieser Blick ist ein Erfahren und Erkennen, dass wir als Bewusstsein beweglich sind, dass wir uns in einem Feld befinden, in dem wir uns größer oder kleiner erfahren können. Wenn wir unseren Herzensraum entdecken, spüren wir auf das Direkteste die Unendlichkeit, indem wir uns immer kleiner werden lassen und ganz nach innen gehen. Auf die Frage des Warums bietet uns die Heilige Geometrie selbst die Antwort.

Unendliche Teilung nach innen

Wenn wir die geometrischen Formen, die seit Tausenden von Jahren als heilig betrachtet und auch so genannt werden, analysieren, dann können wir wahrnehmen und erkennen, dass wir in die geometrische Figur hinein unendlich sind. Diese Unendlichkeit steckt bereits in uns, weil wir aus dieser Unendlichkeit auch hervorgegangen sind. Das heißt, wir sind ein begrenztes Etwas, das aus der Unendlichkeit hervorgegangen ist.

Spüren wir uns in unserem Herzensraum direkt als das Kind der Schöpfung, verbunden mit allem anderen, das existiert, verbunden mit den Schöpfungsenergien selbst, wird unser Blick offen für Neues.

Was meiner Erfahrung nach passiert, ist, dass wir auf diese Weise einen im Quantenraum bestehenden Blick mit einnehmen. Es ist der Blick von etwas Größerem, von dem mein Auge nur wie eine Augenzelle in einem größeren Auge ist und mit vielen anderen kleinen Augenzellen zusammen – die wiederum nur eine Augenzelle in einem größeren Auge sind – einen Weg oder eine Seinsabfolge sieht, wenn es das möchte.

Dabei geht es nicht um den Aspekt »wenn ich das möchte«, sondern vielmehr um »wenn ES das möchte«. Das Sehen unserer physischen Augen unterscheidet sich im Gegensatz dazu wesentlich, denn es macht bereits rein medizinisch betrachtet aus zwei Gesamtbildern, denen des rechten und des linken Auges, ein Bild. Genauer betrachtet liefert jedes Auge selbst viele Einzeleindrücke. Bereits das ist für mich Symbol dafür, dass es bei der Sichtweise mit unseren physischen Augen um die Wahrnehmung in einer Zweiheit geht. Ich möchte nicht dafür sprechen, das Sehen über diese zwei Augen ganz loszulassen. Aber das Sehen über das EINE Auge ermöglicht uns das Sehen und Erkennen aus einer übergeordneten Sicht.

Es geht nicht darum, das eine aufzugeben und durch ein anderes zu ersetzen, sondern die Gewichtung, die Bedeutung zu erneuern. So ist es meine Freude, mein Ziel und mein Spiel geworden, es auszuprobieren, es zuzulassen, dass sich mehr und mehr zwei Arten des Sehens überlagern, die anfänglich miteinander in Konkurrenz gestanden haben, bis sie erkannten, dass sie nicht Konkurrenten sind, sondern der Hintergrund auf dem sich etwas aufbauen kann, was erfahren werden möchte.

Unsere Seins-Mitte finden

Die eigene Mitte in einem Kreis – in einer Kugel – finden

Zeichnen Sie mit einem Zirkel einen Kreis und betrachten Sie den Kreis ausgiebig. Sehen und fühlen Sie, wie vom Einstichpunkt des Zirkels zum Kreis selbst immer der gleiche Abstand ist. Wir wissen das, haben es in der Schule gelernt.

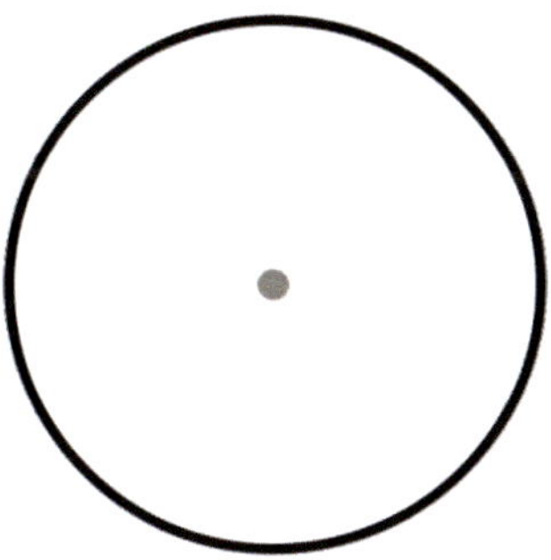

Aber was bedeutet es, das zu fühlen?
Wenn wir uns darauf einlassen zu fühlen, wie eine Kreisbogenlinie in gleichbleibendem Abstand um einen Punkt führt, kommen wir automatisch über kurz oder lang an den Punkt, an dem wir hineingezogen werden in das Bild und uns plötzlich im Kreismittelpunkt spüren.

Sobald wir uns in der Mitte eines Kreises fühlen, spielen wir damit, den Kreis so »mittig« wie möglich um uns zu fühlen. Je mehr wir unsere Selbstwahrnehmung jetzt wieder von einem Punkt zu unserem kompletten menschlichen Körper zurücknehmen, desto mehr wandelt sich die Wahrnehmung des Seins in der Mitte eines gezeichneten Kreises in die Wahrnehmung eines Kreises um unsere körperliche Mitte selbst.

Wir können dann diesen Kreis in alle Richtungen um diesen Mittelpunkt bewegen und schwenken und eine Kugel entstehen lassen, die uns ganz einschließt – unseren ganzen Körper, ja selbst unsere gestreckten Arme.

Mit offenen Augen lässt sich dieses Empfinden besonders gut in der Natur üben. Wenn wir in der Natur, die in sich komplett in diesem Modus der Urharmonie schwingt, unterwegs sind, können wir uns besonders gut als Kugel in ihrer Bewegung wahrnehmen. Dabei durchstreift diese Kugel mit jeder noch so winzigen Bewegung den Raum hin zu einem neuen »Bild« des Seins.

Was meine ich mit »Unsere Kugel bewegt sich im Sein«?

Das Gefühl der Bewegung ist es, welches neue Erlebnisbilder in unser Erfahren ruft. Die Menge der Bewegungsschritte und der damit verbundenen einzelnen Erlebnisbilder empfinden wir dabei als Zeit.

Es ist das Herz, das die ursprünglichen
Anweisungen des Lebens enthält.
Wenn das Herz wieder die Führung in
jemandes Leben innehat,
antwortet das Leben mit Freude und Kraft.
Drunvalo Melchizedek

Meditation

Unsere Mitte in einem Kreis und in einer Kugel

Schließen Sie die Augen, atmen Sie ruhig und gleichmäßig. Fühlen Sie die Anbindung an die beiden Energien – von Mutter Erde und Vater Sonne ausgehend – von oben über dem Kopf und von unten unterhalb der Füße kommend in sich hineinfließen und durch sich hindurchströmen.

Spüren Sie wieder Ihre vertikale Verbindung mit dem Zentrum von Mutter Erde. Stellen Sie sich vor, wie diese Anbindungsachse an beliebiger Stelle von einem horizontalen Kreis in perfektem Abstand umrundet wird, sodass Sie gerade eben mit ausgestreckten Armen hineinpassen.

Stellen Sie sich Ihre Arme vor, wie sie versuchen, die Kreislinie zur Seite, nach vorne und nach hinten zu berühren. Nehmen Sie jetzt den gedachten Kreis und Ihre gefühlte Körperlichkeit gleichzeitig wahr.

Bringen Sie in Ihrem Empfinden den gedachten und gefühlten Mittelpunkt des Kreises mit Ihrem Schwerpunkt zusammen. Spüren Sie den Kreis um Ihre Körpermitte.

Schwenken Sie Ihren Körper leicht hin und her und nehmen Sie vor Ihrem inneren Auge wahr, wie sich Ihr Schwerpunkt zusammen mit dem Kreis wiegend hin- und herbewegt.

Lassen Sie Ihren Kreis jetzt in alle Richtungen um Ihren Mittelpunkt schwenken und drehen und spüren Sie, wie all diese Kreisbahnen die Oberfläche einer Kugel ergeben, die Sie ganz einschließt.

Spüren Sie mit jeder Bewegung, die Ihr Körper macht, wie diese Kugel sich mit Ihnen bewegt. Wie sie Sie auch bei ausgestreckten Armen immer einschließt, egal, ob Sie schwingen, wippen oder kleine hüpfende Bewegungen machen.

Seien Sie erfinderisch. Bleiben Sie noch einige Minuten in dieser Übung, bis Sie die inneren Bilder wieder loslassen und den Impuls zum Öffnen der Augen verspüren.

Die eigene Mitte in einem gleichseitigen Dreieck – in einem Tetraeder – finden

Zeichnen Sie ein gleichseitiges Dreieck. Gehen Sie wieder genauso vor: Empfinden Sie sich selbst in der Mitte dieser geometrischen Figur. Die Mitte ist diesmal ein Punkt, der zu den umfassenden Linien unterschiedliche, sich dreimal als Abfolge von »weiter entfernt – näher – weiter entfernt« wiederholende Abstände hat. Fühlen Sie, wie Sie mit Ihrer Aufmerksamkeit die Linie entlangscannen können, wie sich dieser Wechsel von näher und ferner wie ein rhythmisches Pulsieren spüren lässt?

Spielen Sie mit Ihrer Vorstellungkraft und fühlen Sie sich selbst mit Ihrem physischen Körper in einem solchen Dreieck stehen. Vervollständigen Sie dieses Dreieck zu einem Tetraeder, indem Sie die Ecken des Dreiecks zu einem über sich liegenden Punkt hin verbinden. Der neu entstandene Körper steht bei Ihren Füßen fest auf dem Untergrund. Spüren Sie, wie der geometrische Körper des Tetraeders sich instabil anfühlt bzw. wie es eine Kunst ist,

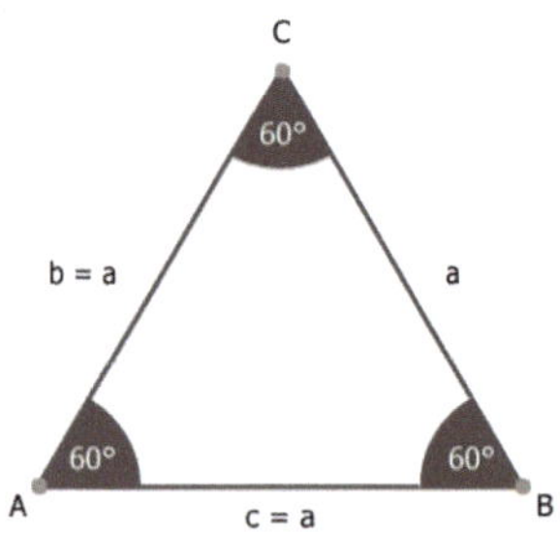

ihn auf der Spitze stehend zu balancieren. Spüren wir uns frei im Raum in einem Tetraeder, so spüren wir, wie jede Position, egal wo die Spitze sich befindet, sich unruhig, unausgeglichen anfühlt.

Die eigene Mitte in einem doppelten gleichseitigen Dreieck – in einem Sterntetraeder – finden

Studieren wir im Vergleich zu unseren Empfindungen in einem gleichseitigen Dreieck bzw. in einem Tetraeder, wie es sich anfühlt, wenn uns zwei entgegengesetzt positionierte Dreiecke in der zweidimensionalen Erfahrung oder Tetraeder in der dreidimensionalen Erfahrung oder Betrachtung umgeben. Lassen wir die Figur sich an unsere Körpergröße anpassen, sodass unser ganzer Körper in ihr aufgenommen werden kann. Wir fühlen, wie sich Stabilität in der Form fühlen lässt, wie sich der Erfahrungsraum in die verschiedenen Richtungen um uns herum ausweitet.

Drunvalo selbst ist es, der uns diese Form, die er Mer-Ka-Ba nennt, als wichtigen Bestandteil unseres Energiekörpers wieder bewusst gemacht hat. Über den Energiekörper der Mer-Ka-Ba kann er uns stundenlang Informationen geben und uns die Bedeutung in unserem Daseinsweg verständlich machen. Gleichzeitig erinnert er uns daran, dass diese Energieform um jeden von uns verkümmert angelegt ist, und zwar so lange, bis wir unseren Bewusstseinssitz wieder im heiligen Herzensraum einnehmen.

Dann, wenn sich Spirit von unserer rechten und von unserer linken Gehirnhälfte von oben bzw. von unten über die Pranaröhre kommend wieder im Herzen vereint, bildet sich unser Energiekörper der Mer-Ka-Ba wieder in der perfekten Sterntetraederform aus, die durch ihre Rotationen eine energetische Scheibe von ca. 16 m Durchmesser umfasst. Sie ist unser »Fahrzeug« bzw. Bewegungsmittel und erst durch und mit ihr können wir uns von einer Dimension in eine andere Dimension begeben.

Durch die Lehre Drunvalos angeregt, erspüren wir nun, wie es sich anfühlt, wenn wir uns in einer in sich bewegten Sterntetraederform befinden. Erinnern Sie sich an Ihre Kindheit und daran, wie Sie mit einem Kreisel gespielt haben. Ein Kreisel ist eine auf einer Spitze stehende Form, die durch Rotation um ihre Mittelachse so stabil wird, dass sie völlig in sich ruhend auf dieser Spitze stehen kann.

Gleichzeitig bewährt sich dabei die Form eines Kreisels, die auch nach oben sich wieder verjüngt. Sie findet wesentlich einfacher und schneller in diesen stabilen Stand. Die

Bewegung unserer eigenen Mer-Ka-Ba können wir uns wie einen Kreisel in einem Kreisel vorstellen, als Analogie für die zwei entgegengesetzt rotierenden Sterntetraederformen.

Ein kompletter Kreisel dreht sich linksherum, ein kompletter Kreisel dreht sich rechtsherum und schenkt uns die stabile Ausrichtung an unserer Mittelachse, der Pranaröhre. Die große Scheibe stabilisiert den Körper in der Bewegung als bewegter Körper. Denken Sie dabei an die Stange, die ein Seiltänzer einsetzt, wenn er über ein Seil balanciert.

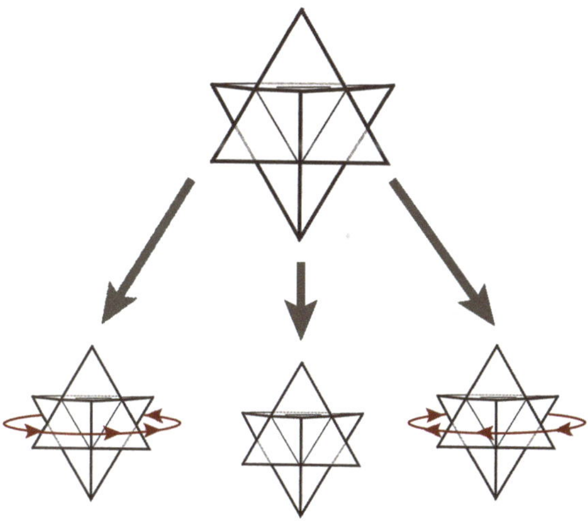

Meditation

Unsere Balance im Sterntetraeder

Stellen Sie sich an einen ruhigen, geschützten Platz. Atmen Sie tief und gleichmäßig und seien Sie sich Ihrer innigen Verbundenheit mit Mutter Erde und Vater Sonne bewusst. Spüren Sie, wie eine energetische Verbindung Sie wie eine Röhre durch Ihren Schwerpunkt hindurch mit Mutter Erde verbindet.

Stellen Sie sich die Form eines Tetraeders vor, das vor Ihnen auf dem Boden steht und so groß ist, dass es Sie ganz umschließen kann. Gehen Sie in Ihrer inneren Vorstellung auf das Tetraeder zu und steigen Sie in es hinein.

Spüren Sie sich inmitten dieses Körpers, dessen Dreiecksseiten über Ihnen spitz auf einen Punkt zulaufen. Fühlen Sie die Unausgeglichenheit der Enge nach oben hin und der Weite unten.

Was kann dieses Gefühl der Unausgeglichenheit ausbalancieren?

Stellen Sie sich ein weiteres Tetraeder vor, in genau der gleichen Größe, das auf seiner Spitze vor Ihnen steht. Bewegen Sie mit Ihrer Absicht das Tetraeder auf sich zu, bis sich auch seine Spitze mit Ihrer Röhre deckt.

Bewegen Sie sich schwingend und balancierend auf der Stelle, Ihres Schwerpunktes bewusst, und stellen Sie sich vor, wie die beiden Tetraeder sich auf perfekte Art und Weise so ineinander wirbeln, dass sie ein Sterntetraeder um Sie formen. Wissen Sie sich in perfektem Größenverhältnis miteinander verbunden.

Erspüren Sie die Ausgeglichenheit dieser Form.

Erinnern Sie sich an einen Kreisel und wissen Sie, dass eine perfekte Rotation den Körper auf der Spitze aufrecht halten wird.

Wenn sich die Erfahrung abgeschlossen anfühlt, lassen Sie die inneren Bilder wieder los und öffnen Sie die Augen.

Kapitel 3

Manchmal bedeutet ein
Aufgeben auch, dass Du aufhörst,
verstehen zu wollen,
und beginnst, Dich damit
wohlzufühlen nicht zu wissen.

ECKHART TOLLE

Den einen Schöpfer erkennen

Unsere Wirklichkeit bestimmen im Wesentlichen unsere Antworten auf die drei großen Fragen:

- Wer bin ich?
- Wie ist alles in der Schöpfung entstanden?
- Wie bewegen wir uns in ein höheres Bewusstsein?

Auch wenn wir uns diese Fragen nicht bewusst stellen, so tragen wir doch automatisch durch unsere Konditionierungen durch Erziehung und Gesellschaft vereinbarte Antworten, die aus uns selbst oder aus kollektiver Vereinbarung kommen. Machen wir uns daher unsere Antworten bewusst, um einen Schlüssel über die Beziehung von uns zu allem um uns herum zu erhalten.

Es ist ein uraltes Wissen, ein Erinnern in uns, das für die meisten in den letzten Tausenden von Jahren verloren gegangen ist. Warum sage ich, dass es verloren gegangen ist, denn das würde bedeuten, dass es bereits einmal vorhanden war? Ich beziehe mich auf das, was viele spirituelle Meister lehren, was in Epen und Mythen der Völker erzählt wird und was möglicherweise wir alle als ein Urbild in uns tragen, und zwar nicht aus einer utopischen Zeit, sondern aus einer erlebten und erfahrenen.

Dieses Urbild ist der Zustand des Lebens in Harmonie, wie er auch in der Bibel beschrieben ist, in dem nicht einmal die Tiere sich fressen. Dieser Zustand kommt in allen Erdteilen in den verschiedensten Überlieferungen vor. Stellen wir uns einfach einmal vor, dieser Zustand könnte wirklich als Urbild in uns sein, weil er auf welche Art auch immer einmal gelebt wurde, gespürt wurde.

Das Urbild in uns

Als Informationsträger stellen wir uns Wasser vor, welches durch unseren Körper fließt und aus dem dieser zu ca. 70 % besteht. Es ist dasselbe Wasser, das seit Anbeginn der Zeit auf unserem Planeten ist, das schon vielfach das Leben in der Summe aller wasserhaltigen Lebewesen durchflossen und in jedem Moment Information aufgenommen hat. Die Fähigkeit des Wassers, Informationen aufzunehmen, hat der Mensch in den letzten Jahrzehnten gut belegt. Masaru Emotos Experimente und Fotos sind weit bekannt.

Ein harmonisches Urbild tragen wir in uns und wenn wir auf der ganzen Welt die Frage nach einem tiefen Traum stellen, so ist es dieses Urbild, das jeder von uns gerne erfahren und leben möchte. Jeder bemüht sich auf seine Weise, diesen Zustand zu erreichen.

In der augenblicklichen Zeit sehen wir diesen Zustand erreichbar, indem wir uns bemühen, abmühen, für ihn arbeiten, ihn erarbeiten. Wir sehen ihn nicht mehr als ein Geschenk des Lebens oder als eine Gnade des göttlichen Feldes. Wir sehen ihn mit Mühe verbunden. Es spielt in diesem Fall keine Rolle, ob wir uns als religiös oder als

Atheist bezeichnen. Es unterscheidet sich nur die Art und Weise, wie wir dieses Bemühen definieren.

Wir haben alle das verlassen, was wir als Urbild in uns tragen, und wir haben alle gleichzeitig diesen Traum, diese Sehnsucht, dieses Verlangen, das Urbild wieder zu erreichen, wieder zu spüren und wieder diese mit ihm verbundene Freude zu leben.

Selbst ein Atheist oder eine Person, die Gott leugnet und in materiellen Gütern aufgeht, hat einen Beweggrund dafür, einen Weg zu gehen, der zu Zufriedenheit führt. Es ist nur eine Frage der Definition, wie wir Zufriedenheit definieren. Der eine mag das materielle Abgesichert-Sein dabei erstreben und über Werte stellen, die aus der Qualität der menschlichen Beziehungen hervorgehen. In beiden Fällen ist der Beweggrund die Absicht, das zu erreichen, was sich angenehm und gut anfühlt, umgesetzt auf einem Weg, den man dazu für geeignet hält.

Ein Leben ohne diese Herausforderungen von Gewalt und Disharmonie ist es, das sich jeder Einzelne unabhängig von seinem Kulturkreis wünscht. Nur die Wege, wie er dies in seinen Vorstellungen meint zu erreichen, und die Konzepte, die sich die Menschen dann als Kollektiv erstellen, unterscheiden sich.

Die Problematik beim Erreichen von Lösungen, um aus dem Dilemma der Disharmonie herauszukommen, besteht darin, dass die Menschen unterschiedliche Wege als geeignet ansehen und auch nur die von ihnen jeweils als geeignet erachteten und als erfolgreich einschätzen.

Wie kommt es zu dieser Diskrepanz im Lösungsansatz?
Die Lösungen werden auf der gleichen Ebene gesucht, wie sich das Problem ergeben hat.

Wie können wir uns über diese Ebene erheben?
Die verschiedenen Kulturen und Religionen beschreiben in unterschiedlichen Geschichten eine Zeit, in der sich die Dissonanz auf unserem Planeten einstellte. In unserem Umfeld ist die verbreitetste der Sündenfall in der Bibel.

Im Indischen wird ein großer Zeiten-Zyklus beschrieben, bei dem zu bestimmten Zeiten die bewussten Wesen immer wiederkehrend »einschlafen«, also unbewusster werden. In diesen Phasen der Zeit nimmt die Dissonanz ihren Lauf, bis wieder das Zeitfenster des Erwachens anbricht und die bewussten Wesen wieder zunehmend teilhaben am Leben in Freude, Harmonie und Fülle.

In den letzten Jahren ist ein Teil der Geschichte der Mayas bekannt geworden. Die Mayas waren Meister des Wissens über Lebenszyklen und sehen das Geschehen des Lebens in verschiedenen Zyklen laufen: Sekunden, Minuten, Stunden, Wochen, Monate … Sonnenjahre, Weltenjahre, galaktische Jahre …

Wie bereits im vorherigen Kapitel kurz angedeutet, stehen wir laut dem Wissen der Mayas gerade am Wechsel von einem Weltenjahr von ca. 26.000 Jahren in ein neues von ca. 26.000 Jahren, das uns nach ca. 13.000 Jahren Schlaf des Bewusstseins die Zeit neuen Erwachens und harmonisches bewusstes Leben erfahren lässt. Wer die Zuordnungen zu dieser Energiequalität näher betrachtet, wird auch da ein Zeitfenster für einen Neuanfang und Aufbruch erkennen.

Die Zeitrechnung der Maya

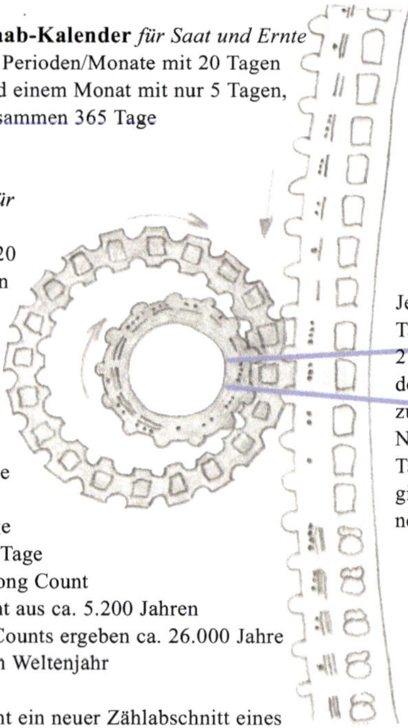

Haab-Kalender *für Saat und Ernte*
18 Perioden/Monate mit 20 Tagen
und einem Monat mit nur 5 Tagen,
zusammen 365 Tage

Tzolkin-Kalender *für kultische Handlungen*
als Kombination von 20
Zeichen und 13 Ziffern

Jedem Haab-Tag werden 2 Zeichen aus dem Tzolkin zugeordnet. Nach 18.980 Tagen beginnt ein neuer Zyklus.

Weitere Kalender:
ein Haab = 360+5 Tage
ein Tun = 360 Tage
ein Katun = 7.200 Tage
ein Baktun = 144.000 Tage
13 Baktun zählt ein Long Count
ein Long Count besteht aus ca. 5.200 Jahren
5 Perioden des Long Counts ergeben ca. 26.000 Jahre
und entsprechen einem Weltenjahr

Am 22.12.2012 beginnt ein neuer Zählabschnitt eines Baktuns, Long Counts und Weltenjahres.

Ähnlich sieht auch der indische Kulturraum Zyklen. Speziell der bekannte spirituelle Lehrer und Yogi Sri Yukteswar beschreibt einen in der Dauer und Qualität ähnlich ablaufenden Zyklus. Dort wird er in 4 Abschnitte, Yugas genannt, geteilt, die dem Großzyklus Energien zwischen Aufwachen und Wiedereinschlafen zuordnen wie bei den Jahreszeiten.

In einer weiteren Sicht können wir die Zyklen der siderischen Sternzeichen als Zeuge des Großzyklus nehmen, nach dem wir gerade in das Wassermannzeitalter eintreten.

Allen liegt das Wissen zugrunde, dass unsere Erde, während sie sich um sich selbst dreht, eine geringe Abweichung zeigt: Erdachse und Drehachse stimmen nicht exakt überein, sodass sich ein leichtes »Eiern« ergibt, bei dem die Erdachse, bis sie über die ca. 26.000 Jahre hinweg wieder an ihrem Ursprung ankommt, die Hälfte der Zeit zum Zentrum der Galaxie hin geneigt ist und die Hälfte der Zeit von ihr weg.

Das ist nur ein kurzer Vorspann, der uns selbst Impulse zum Nachforschen geben soll, wie wir unsere eigene Glaubensbereitschaft stärken können, dass gerade ein perfektes Fenster existiert für einen neuen Blick von einer neuen Warte, einer neuen Ebene aus auf unser altes Problem der Dissonanz.

Erheben wir uns auf eine neue Ebene

Der Schlüssel zu einem neuen Lösungsansatz heraus aus der Uneinigkeit unter den Menschen, die wir bis in die Gegenwart hinein mit Gewalt und Krieg auslebten und ausleben, liegt darin, einen Weg jenseits eines Glaubens an eine Macht und eine Gegenmacht zu gehen.

Wenn wir uns zutiefst sicher sind, dass es nur einen Schöpfer und keinen Gegenspieler auf der Schöpfungsebene gibt, dann können wir erkennen, dass es unser eigener Weg in unserem Menschsein gewesen ist, der jene Dissonanz selbst ins Leben gerufen hat.

Machen wir uns auf die Suche, uns einen gehbaren und glaubwürdigen Weg selbst wieder zu erarbeiten, der uns fühlen lässt, dass es nur einen Schöpfer und ein Schöpfungsprinzip gibt.

Dazu lassen wir uns in diesem Kapitel von der Heiligen Geometrie anregen.

Klassische Heilige Geometrie

Bereits vor Tausenden von Jahren stellten sich die Menschen die Frage nach ihrem Ursprung, wollten erfahren, wer oder was der Mensch ist und wie die Schöpfung ins Leben kommt. Auf der ganzen Welt finden wir Zeugnisse für dieses Suchen und Finden nach ursprünglichen Informationen. Es sind Strukturen und gezeichnete oder konstruierte Formen, die dem Menschen Aufschluss über sich selbst und die Schöpfung geben. Diese Formen und Strukturen nennen wir die Heilige Geometrie, weil sich in ihnen die Heiligkeit des Lebens selbst in Form und Struktur fassen lässt.

In der jüngsten Vergangenheit ist es die Wissenschaft selbst, die uns mit Informationen und Forschungsergebnissen versorgt. Sie beginnt, unser komplettes Universum als eine unvorstellbar große singuläre Intelligenz wahrzunehmen. Es kommt die Vermutung auf, dass dieses Gesamtwesen »Universum« ein Organismus in einem noch größeren, noch nicht einmal erkannten, darüber liegenden Systems ist. Für spirituelle Meister ist dies ein Freudenfest. Das, was Mystiker mit den Begriffen der Erzengel zu fassen versuchen, kommt in diesen Erkenntnissen auf einer anderen Ebene zum Ausdruck.

Wenn Sie Interesse haben, tiefer einzusteigen, so können Sie unter *The Electric Universe*, *The Thunderbolts of The Gods*, dieses neue Wissen im Internet präsentiert finden. Wichtige Vertreter dieser neuen Physikbereiche sind: Wallace Thornhill, David Talbott, Marco Rodin und Robert Powell.

In unserem Gesamtorganismus strukturiert sich das koplette Dasein nach einem Muster, welches in sich fraktal ist und sich durch alle Seins-Ebenen hindurchzieht, wenn auch nicht im selben Maßstab. Es weist also auch in größeren oder kleineren Maßstäben dieselben oder ähnliche Strukturen auf.

Angenommen also, es gibt eine intelligente und bewusste Energie, die so groß ist, dass weder Sie noch ich noch wir als Menschheit die Möglichkeit haben, sie in ihrer Gesamtheit zu erfassen.

Wie können wir uns ihr samt unseres kompletten Seins nähern? Mit unserem Herzen und unserer Gefühlswelt, um uns von ihr in Liebe leiten zu lassen, oder auch mit unseren Gedanken, aus unserem Verstand, die das Herz-Sehnen des Erfahrens dieser Schöpfungsintelligenz unterstützen? Oder anders ausgedrückt: Mit unserem Körper, der in sich die Erfahrung der ganzen Erdgeschichte durch seinen Austausch des Wassers trägt, und mit unserem spirituellen Körper, der die Bewusstheit in sich trägt, die wir in unserer Abtrennung von der Einheit mit der Schöpfung auf unserem Menschheitsweg abgeblockt haben?

Gerne möchte ich uns in einem Tanz der Aspekte und Blickwinkel hineinführen in ein weitest mögliches Einfinden in das Feld unserer Verbindung mit dieser Intelligenz, sodass Sie am Ende dieses Buches einen Weg für sich entdeckt haben oder entdecken werden, Ihre Sicht und Verbundenheit mit dem großen Ganzen nicht mehr als Ihren spirituellen Weg zu sehen, sondern als die Essenz Ihres Seins, die sich mit jeder Faser Ihres Körpers, mit jedem Gedanken von Ihrem Herz als Verbundenheit mit dem großen Ganzen selbst erspüren lässt.

Wir können eine unendliche Fülle von Büchern lesen, Predigten hören, Workshops besuchen. Solange sich nicht die Essenz unseres Seins selbst in unserem Fühlen und

Spüren erleben lässt, werden wir uns nicht anders bewegen können als auf alten und bekannten Pfaden.

Erspielen wir uns diese Erfahrung durch eine »alte Wissenschaft«, die Heilige Geometrie. Bringen wir sie zusammen mit dem Wissen, das sich die von uns erarbeitete Wissenschaft der Physik und Mathematik jetzt in ihrer über die Intelligenz des Siliziums erweiterten Sichtweise eröffnet.

Die Blume des Lebens

Das zentralste Symbol der Heiligen Geometrie ist das Symbol, das wir DIE BLUME DES LEBENS nennen. Zuerst untersuchen und erspüren wir dieses Symbol analytisch in mehreren Schritten und danach nähern wir uns ihm von innen heraus.

Beginnen wir damit, uns dieses Symbol in seiner gezeichneten Form näher anzusehen, um uns dieser dann in einem weiteren Schritt räumlich zu nähern. Das räumliche

männlich ausgerichtet

weiblich ausgerichtet

Betrachten ermöglicht uns, uns selbst im Zusammenhang und in dieser Struktur zu erspüren.

Stellen wir uns vor, dass *Großer Geist*, so benenne ich die höhere Instanz in diesem Fall, noch ganz formlos ist, und stellen wir uns nun vor, wie er sich selbst nach allen Richtungen ausdehnt und wie auf diese Weise um diesen Punkt herum ein Kreis im Nichts definiert wird. Indem der Geist sich dann auf die Begrenzung selbst begibt und von dort aus nochmals einen Kreis definiert, entsteht erstmals ein Gegenüber und auch ein Miteinander. Es ergibt sich die Möglichkeit des Sehens, der Sicht.

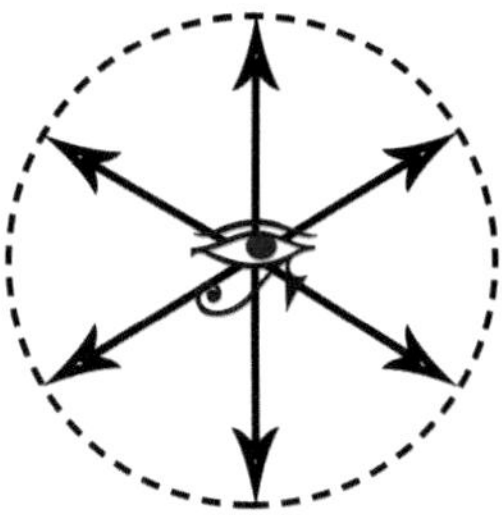

Die beiden Kreise schneiden sich in einer Form, die sich Vesica piscis nennt. Diese Überschneidungsform ähnelt der Form eines Auges und hat so auch eine Beziehung zum Sehen.

In weiteren Bewegungen begibt sich der Geist jeweils an die neu entstandene Schnittstelle und definiert von dort aus

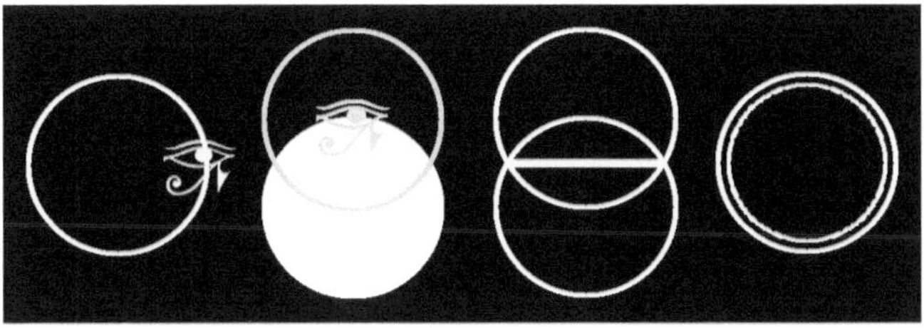

einen weiteren Kreis. Die so entstehenden weiteren Einzelformen werden mit der Dreifaltigkeit und den einzelnen Schöpfungstagen in Verbindung gebracht.

Das durch die sechste Bewegung entstandene Muster nennt sich das Genesis-Muster. Es formt die Struktur der allem Leben zugrunde liegenden Torus-Struktur.

Zeichnen wir einen weiteren Schöpfungsturnus um das Genesis-Muster, so erhalten wir die Figur des Eis des Lebens, eine Struktur, die uns an die Anordnung der acht Ursprungszellen erinnert. Mit dem nächsten Schöpfungsturnus erzeugen wir das Muster der Blume des Lebens selbst, die in ihrer Anordnung und Struktur die Entwicklung des Lebens innerhalb der Eizellenschutzhülle, der Zona pellucida, zeigt. Ich bin jedes Mal berührt, wenn ich die

erste Bewegung | Vescia Piscis | 2. Tag | 3. Tag | 4. Tag | 5. Tag | 6. Tag

Bilder der Zellteilung bei höheren Lebewesen sehe und die Ähnlichkeit spüre, die sich über die Entwicklung der Zellanordnung bis in größte Dimensionen hindurch zieht.

Blume des Lebens

Samen des Lebens - erste Drehung

zweite Drehung

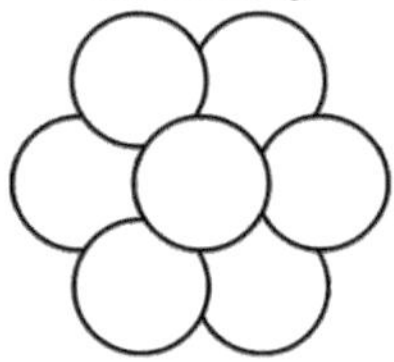

Ei des Lebens

So symbolisiert die Blume des Lebens für uns beispielsweise auch das Morula-Stadium, jenes Entwicklungsstadium des jungen Lebens, das sich innerhalb der Zona pellucida hineingeteilt hat bis zu einem Stadium von 512 Zellen.

Der darauffolgende Schöpfungszyklus, der im Muster der Blume des Lebens bereits mit Kreissegmenten angezeigt wird, führt uns in die Figur der Frucht des Lebens, mit der wir uns im Weiteren noch tiefer beschäftigen werden – als Würfel des Metatron.

Verankern wir unser Wissen um den einen Schöpfer

Unser Erkennen der größeren Ordnung, die wir über die Meditation und unseren spirituellen Weg fühlbar erfahren können, wird unterstützt durch eine weitere Erfahrung, die auch unser Verstand nachvollziehen kann.

Spüren Sie mit mir, wie es unser ganzes Daseinsempfinden verändert, ob wir an einen Schöpfer glauben, einen Schöpfer in unserer inneren Welt spüren oder auch noch die mentale Erfahrung hinzukommt, die unserem ganzen Denken die Plausibilität gibt: Ja, es gibt einen einzigen Schöpfer und aus seinem Feld der Harmonie und Liebe entsteht alles, was ist.

Verankern wir dieses Wissen in unserem eigenen kompletten System von Körper, Seele und Geist, so verankern wir gleichzeitig dieses Ausdrücken und Sein über uns selbst.

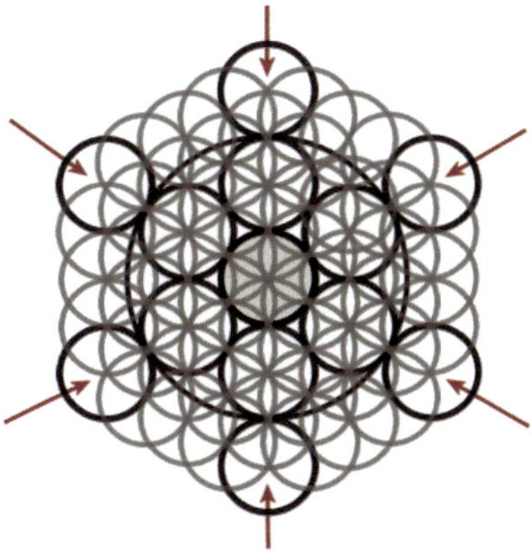

Meditation

Das Göttliche feiern und
im Hier und Jetzt verankern

Schließen Sie die Augen. Atmen Sie ruhig, tief und gleichmäßig.

Fühlen Sie, wie sich die göttliche Perfektion durch die Schöpfung zieht, vom Makrokosmos zum Mikrokosmos. Fühlen Sie und sehen Sie vor Ihrem inneren Auge die Schönheit der Natur über das Erinnern des Nachthimmels, der uns die unendliche Weite und Perfektion des Großen erahnen lässt. Fühlen Sie die Vollkommenheit des Kleinen und erinnern Sie sich, wie Sie auf einer Blumenwiese in die Blütenkelche staunen. Das ALL-EINE-Schöpfungsprinzip zieht sich durch die Schöpfung wie das Muster, das aus der Blume des Lebens kommt.

Fühlen Sie sich inmitten darin.
EIN Geist erfährt sich in allem selbst. Der eine Geist erfährt sich auch in Ihnen selbst.

Spüren Sie, wie Sie ein Ereignishorizont, eine Zelle in diesem unendlich großen Organismus sind. Spüren Sie Ihre tiefe Liebe zu diesem All-Einen-Wesen. Und fühlen Sie sich selbst geliebt und wertvoll in diesem Sein.

Nehmen Sie sich selbst an als das Geschenk des Lebens an sich selbst. Fühlen Sie Ihre eigene Lebensfreude am reinen Sein und feiern Sie Ihre und alle Existenz!

Spüren Sie das Paradoxe in der Sicht Ihrer Wahrnehmung, die Perfektion in der Schöpfung und die Unzulänglichkeit im Erleben des Menschseins. Statt Ihre Gedanken und Ihr Sein infrage zu stellen, nehmen Sie sie an als Ihr Spiel innerhalb der göttlichen Bandbreite.

Erklären Sie: Nur das Göttliche existiert.

Wenn wir anfangen, alles als das Göttliche zu sehen, werden unser Sein und unser Blick mehr und mehr das Göttliche werden und wird die Hölle, die nie existiert hat, sich auflösen.

Kommen Sie nun langsam aus der Meditation zurück und tragen Sie diese Erfahrung in den Alltag weiter hinein.

Wilhelm Reich, ein österreichisch-US-amerikanischer Psychoanalytiker, hat es in seiner Lehre über das Orgon auf den Punkt gebracht. Er unterscheidet alles, was der Mensch macht, nur nach zwei Richtungen: die Lebensenergie fließen lassen oder sie blockieren. In dieser auf das Urstreben und Urfließen hin vereinfachten Form sucht jeder, was er angenehm empfindet und was ihm Ausdehnung bringt. Das ist ein Prinzip, das wir in der kompletten Natur beobachten können: Das Leben strebt immer nach Ausdehnung und danach, sich zu höheren Formen zu bewegen.

Tief innen habe ich über all mein Leben hinweg immer eine Verbindung zu etwas Größerem gespürt, zu einer größeren Intelligenz, die sich über die Jahre in meiner Vorstellung immer wieder adjustiert hat, angepasst an meine Erfahrungen und mein zunehmendes Wissen – bis zu diesem Punkt, an dem ich sie als eine unvorstellbar große, bewusste Intelligenz abstrahierte.

Mit dem Begriff Gott halte ich mich gerade absichtlich zurück, da wir damit automatisch die vielen unterschiedlichen Gottesvorstellungen inklusive persönlicher und überpersönlicher verknüpfen und uns dieses »Greifenwollen« mehr vom Wichtigen ablenkt als nutzt.

Die Annahme, dass es eine unvorstellbar große Intelligenz gibt, die ich selbst nur als Alles-Leben-überall wahrnehmen kann, steht mir so nahe, dass sie über all die Seiten und Kapitel in diesem Buch als Voraussetzung mitschwingt. Gleichzeitig werden Sie aber auch über die Themen selbst reflektieren können, wie nicht nur mein Empfinden diese Annahme trägt, sondern auch mein Verstand diese Annahme gerade durch die Heilige Geometrie zu seiner eigenen macht. Es wird eine ähnliche Empfindung sein, die auch Sie mit mir teilen. Sonst wären wir wohl nicht über diese Resonanz hier zusammengeführt worden.

Beginn der Schöpfung

Beginnen wir mit unserem Anfang, unserem In-die-Form-Treten, und erinnern wir uns daran, wie in den indigenen Kulturen alle Zeremonien eröffnet werden. Mit einem Begrüßen der sechs Richtungen – des Ostens, des Südens, des Westens, des Nordens, Mutter Erde unter unseren Füßen und Vater Himmel über uns. Mit uns in der Mitte.

Wenn wir mit unserem Verständnis der westlichen Welt diese Richtungen gleichsetzen möchten mit dem, was für uns Form definiert, also mit einen Ausdehnen im Raum nach oben, unten, vorne, hinten, rechts und links, dann beginnen wir bereits zu spüren, dass dies der erste Schritt ist, um sich aus dem nicht stofflichen Sein in Form zu begeben. Auf diese Weise bringen sich alle, die eine Zeremonie mit dem Anrufen dieser Himmelsrichtungen beginnen, in eine Anbindung an diesen Schöpfungsmoment, in dem Geist in einer Art vorhanden ist, die noch nicht einmal Raum in seinem Erfahrungsbereich hat.

Wie wir es auch in der Figur der Blume des Lebens nachvollziehen können und wie es in den alten Kulturen seit

Tausenden von Jahren überliefert ist, ist Geist in seiner ursprünglichen Form nur da. Mehr können wir nicht greifen. Es ist seine Absicht, dass er sich einen Raum, eine Form manifestiert, indem er sich in diese vorhin genannten Richtungen hinein bewusst wird. Indem er sich als Geist eine Begrenzung oder eine Ausdehnung setzt. Er setzt diese in alle Richtungen gleichermaßen und nimmt sich dann in alle Richtungen wahr.

Dieses Wahrnehmen in alle Richtungen symbolisiert und macht für uns wieder die Geometrie erfahrbar und greifbar. Um den Geistmittelpunkt entsteht – dadurch, dass er sich aus sich heraus in alle Richtungen gleich weit über diesen Mittelpunkt hinaus wahrnimmt – eine Kugel. Geist nimmt sich in die genannten sechs Hauptrichtungen wahr, aber auch in alle Nuancen von Richtungen dazwischen.

In einem nächsten Schritt wandelt Geist, also Bewusstsein, an diese Kugeloberfläche. Anders ausgedrückt: Geist begibt sich an einen beliebigen Punkt dieser Oberfläche, den er sich eben greifbar gemacht hat, und geht da nochmals durch den gleichen Prozess. In dem Moment, in dem sich beide Kugeln bilden und durchdringen, bildet sich eine Überschneidung dieser beiden Körper. Es entsteht eine Fischblase oder Vesica piscis, die auch die Symbolform eines Auges ist. Dieser Moment wird als die Entstehung des Lichts bezeichnet.

Fühlen Sie sich als dieser Geist, der eben in die Form geht, und fühlen Sie, wie Sie in dieser Kugel jede beliebige Stelle der Oberfläche als nächsten Punkt wählen können, um dort die nächste Kugel in den Raum zu bringen und auf diese Weise das Potenzial dieses spezifischen Punktes zu beleuchten.

»Es werde Licht« ist der Ausdruck aus dem Innen heraus. Aus der Perspektive eines Beobachters heraus könnte ich auch die Vorstellung »ich beleuchte« oder »es beleuchtet« verwenden und würde dann noch mehr diesen Akt des Leuchtens und Wählens einbeziehen. Nach meinem Empfinden ist es ein Wählen des Beleuchtpunktes, der es uns ermöglicht, in der Schöpfung die Schönheit, den Fluss und das Wunder des Seins auch wahrnehmen zu können.

Meditation

In die Schöpfung beobachten – Beginn der Schöpfung

Kommen Sie zur Ruhe und atmen Sie tief und gleichmäßig. Spüren Sie sich als Ihren Körper und spüren Sie sich gleichzeitig in Ihrem Körper. Nehmen Sie den Untergrund unter sich wahr und seien Sie sich bewusst, dass Sie sich auf einer sehr großen Kugel befinden. Sie spüren sie als Erdkugel, als Mutter Erde, als Gaia. Innig sind Sie verbunden mit ihr.

Innige Verbundenheit wird Ihnen ebenfalls gewahr zu einer weiteren Kugel, einer noch größeren Kugel, dem Sonnenball. Als Vater Sonne schwingt er seine Energie in und durch Sie.

Spüren Sie, wie von Mutter Erde und Vater Sonne kugelförmige Felder ausgehen, die sich überschneiden. Nehmen Sie sich in dieser Überschneidung wahr. Wenn sich zwei Kugeln überschneiden, entsteht etwas Neues, entsteht Leben.

In der Überlagerung dieser beiden Kugeln entstehen Sie. Werden Sie sich selbst gewahr und beginnen sich zu definieren. Beginnen Sie sich um Ihren Wesenskern auszubreiten.

Bilden Sie eine Kugel um sich.

Begeben Sie sich an die Kugeloberfläche. Von dort breiten Sie sich noch einmal aus, auf dieselbe Art und Weise. Schlagen Sie wieder eine Kugel um sich.

Fühlen Sie, wie in diesem Akt der Überschneidung ein Beobachtungsfeld entsteht, Licht und Auge gleichzeitig. Erkennen Sie, wie ein Teilbereich der Schöpfung vor Ihnen aufleuchtet im Licht Ihrer Beobachtung.

Gott spürt sich in Beziehung zu Gott.
Sie spüren sich in Beziehung zu Gott.

Um sich erfahren zu können, brauchen Sie Beziehung von sich innen zu sich außen. Sehen Sie die Parallelen im Großen und im Kleinen, wie Sie selbst in Ihr Leben hier beobachtet und geleuchtet werden und wie Sie beobachten und leuchten. Im Feld der Überlagerung von Mutter Erde und Vater Sonne werden Sie in Ihr Dasein beobachtet und geleuchtet.

Fühlen Sie tiefe Ehrfurcht und Dankbarkeit dieser Aufmerksamkeit von Mutter und Vater gegenüber. Es ist das Wahrnehmen dieser liebenden Aufmerksamkeit, die Ihnen Ihren eigenen Wert zeigt und Sie ihn spüren lässt.

Führen Sie aus dieser Kraft heraus in sich verströmender Liebe Ihr Leben als Mitschöpfer. Öffnen Sie langsam wieder die Augen und tragen Sie Ihre bewusste Schöpferkraft weiter mit sich.

Kapitel 4

Letztendlich bist Du
keine Person, sondern ein Fokus,
ein Kristallisationspunkt,
in dem sich das Universum seiner
selbst bewusst wird.
Welch staunenswertes Wunder!

ECKHART TOLLE

Uns inmitten der Schöpfung erkennen

Im vorherigen Kapitel haben wir uns dem Symbol der Blume des Lebens gewidmet, die für uns eine empfindbare Erklärung unseres WOHER beinhaltet. Wir erkennen, wie es ein einziger Ursprung ist, aus dem sich ein Erschaffensablauf in Bewegung setzt, der sich weiter fortsetzen lässt.

Das Symbol der Blume des Lebens endet hier nach dem 3. Zyklus, der im biologischen Bereich den Teilungsschritten innerhalb der Gesamtgröße des beginnenden Lebewesens bis zur Zygote oder Morula entspricht. Das Symbol wird also passend mit einem Doppelkreis abgeschlossen, der die Membranen der Zona pellucida darstellt.

Dabei zeigen sich wunderschöne Parallelen der Schritte auf dem Konstruktionsweg zur Blume des Lebens zu Mikro- und Makrokosmos unseres Seins.

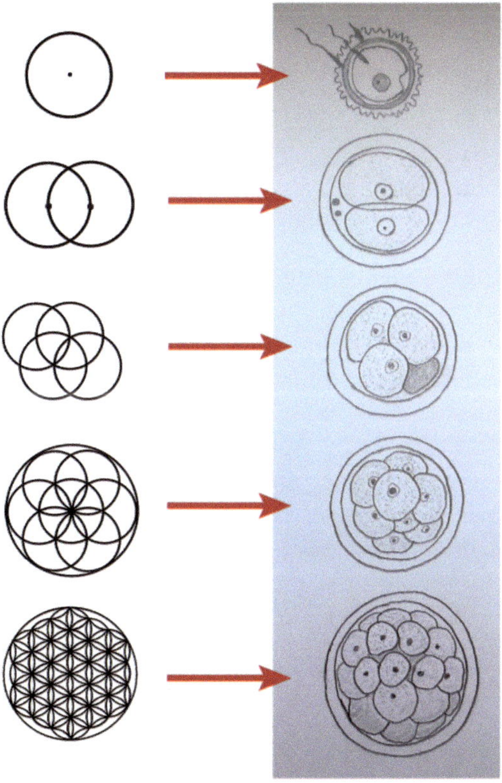

Wenn wir uns die Blume des Lebens genau ansehen, finden wir in allen Kreisen des äußersten Zyklus kleine Kreisbogenstücke. Diese zeigen uns an, dass die Entwicklung des Lebens – des Lebewesens – auf die gleiche Art und Weise weitergehen und über das Stadium des Sich-in-die Hülle-Hineinteilens hinauswachsen wird.

Zeichnen wir auf einem Blatt Papier diesen weiteren Zyklus an Kreisen weiter, so kommen 18 Kreise aus den Bogenstücken hervorgehend hinzu. Zusätzlich entstehen 6 weitere Kreise, die im Symbol der Blume des Lebens noch nicht erkennbar sind. Die Größe dieses neuen Symboles umfasst im Durchmesser jetzt 5 vollständige Kreise. Diese bilden die Grundlage für die zutiefst heilige Figur des Würfels des Metatron.

Wir dürfen davon ausgehen, dass in der Zeit, in der spirituelles Interesse nicht im Kollektiv der Menschen geteilt wurde, diese Information der Existenz des Würfels des Metatron zum Schutze des Wissens, das aus ihm hervorgeht, selbst nur angedeutet dargestellt wurde. So beinhaltet das Symbol der Blume des Lebens mit den angeschnittenen Kreisen sowohl die Information über den einen Schöpfungsursprung als auch gleichzeitig angedeutet die Information über die Prinzipien, die die Schöpfung selbst in ihrer Gesamtheit hervorbringen.

Die Blaupause des Universums

Metatrons Würfel nennt sich die Figur der Heiligen Geometrie, die die Blaupause unseres Universums selbst ist. In ihr sind die Schlüsselinformationen enthalten, mit denen sich unser Universum ausbilden lässt. Verbinden wir alle Kreismittelpunkte mit allen anderen Kreismittelpunkten und bringen somit die weibliche Komponente Kreis und die männliche Komponente Linie in diesem System zu einer Einheit zusammen, so können wir die in die Zweidimensionalität projizierten Formen aller platonischen Körper entdecken.

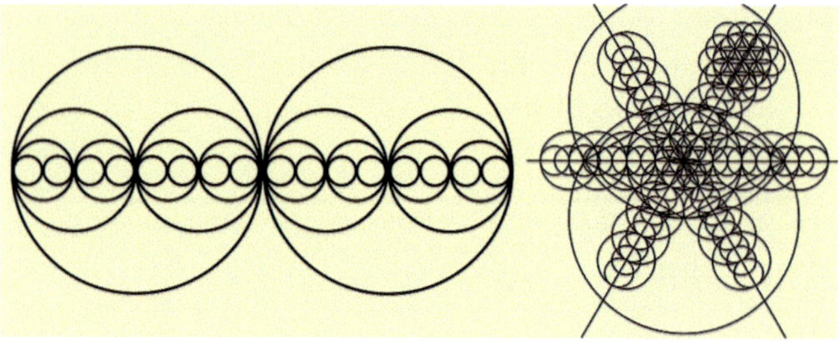

Jeder Körper kommt in zweifacher Größe vor: ein kleiner Körper in einem großen Körper, wobei der kleine Körper der Ursprung des großen ist und gleichzeitig der große Körper seinen eigenen Ursprung in sich enthält.

Die Blume des Lebens und die darüber hinauswachsende verschlüsselte Information von Metatrons Würfel stellen ein zentrales Informationssystem dar. Das Leben weiß, wie es sich in diese Struktur hineinbilden kann.

Heilige Geometrie erspüren

Jeder von uns erfährt auf seine ureigene Art und Weise die Veränderungen, die die Zeit, in der wir uns befinden, mit sich bringt. Mein eigener Weg ist der Weg des Fühlens, der Bewegung und der inneren Bilder. Mit Freude und tiefer Verbundenheit bewege ich mich möglichst in unberührter Natur unseres lieben Planeten Gaia.

Die Bewegung und Verbundenheit nähren innere Bilder in mir, die ich aus der Meditation kenne oder während des

Meditierens entdecke. Manchmal erkenne ich sie auch in ihrem Ursprung während meiner Wanderungen. Im Miteinander von Meditation und Bewegung öffnet sich in mir eine Wahrnehmung und Einsicht für die Zusammenhänge. Ich kann mich in ihnen spüren und empfinden.

Ich möchte Sie dazu einladen, sich in dem Zusammenspiel von Bewegung und Meditation zu empfinden. Ein Weg von vielen – und sicher auch ein archetypischer von vielen archetypischen Wegen – ist, dass ich Ihnen meine Sichtweise durch die Erzählung meiner eigenen Erfahrungen weitergebe. Meine Bilder sind mir in der Meditation zugänglich, im heiligen Herzensraum, von dem aus alles miteinander verbunden ist und in dem alle Wege zu greifen sind. Es sind meine Lebensumstände, die mich meinen ureigenen Weg wählen lassen. Meine Bilder sind zunehmend auch im Alltag für mich sichtbar und somit erlebe ich das Ganze in einem neuen Maßstab.

Sehen wir uns Metatrons Würfel näher an. Wir können ihn als zweidimensionale Zeichnung sehen und werden sogleich bemerken, dass er sich in seiner Information nicht auf diese Betrachtungsweise reduzieren lässt.

Im ersten Schritt haben wir aus Kreisen eine Struktur erzeugt, die durch die immer gleiche Vorgehensweise entstanden ist: Wir definieren einen Raum im Nichts als den unseren und es entsteht ein Kreis. An diese Kreislinie bewegen wir uns und wiederholen diesen Schritt immer wieder. Das können wir bis in die Unendlichkeit fortsetzen.

Sehen wir uns die Figur näher an, die unmittelbar nach einer weiteren Umrundung mit Kreisen aus der Blume des Lebens zur als Frucht des Lebens bezeichneten Form entstanden ist. Überlagern wir nun die Kreise, die eine weibliche Komponente in sich tragen, mit einem System der männlichen Komponente – den Linien. Verbinden wir dazu jeden Kreismittelpunkt mit jedem anderen Kreismittelpunkt, so ergibt sich das komplette Symbol des Würfels des Metatron. Es sind die Linien, die den Schlüssel sichtbar machen. Sie zeigen uns alle platonischen Körper.

Unter dem Begriff platonische Körper werden fünf vollkommen regelmäßige geometrische Körper zusammengefasst. Jeder dieser Körper wird aus vielen gleichen Flächen gebildet. Dabei sind die Flächen eines Körpers in sich selbst symmetrisch, die Winkel gleich groß und die Kanten gleich lang. In jeder Ecke kommen gleich viele Flächen zusammen. Diese besonderen Körper sind bereits seit der Antike bekannt und werden nach dem Philosophen Plato benannt.

Platonische Körper

Die platonischen Körper stehen in ganz speziellem Zusammenhang zur Kugel: Sie fügen sich perfekt in eine Kugel ein, und zwar so, dass all ihre Ecken die Kugeloberfläche berühren. Gleichzeitig umschließt jeder platonische Körper eine Kugel so, dass die Mittelpunkte all seiner Flächen diese einbeschriebene Kugel genau berührt.

Eine dritte Kugel berührt alle Kanten in der Kantenmitte. Es gibt insgesamt nur fünf platonische Körper:

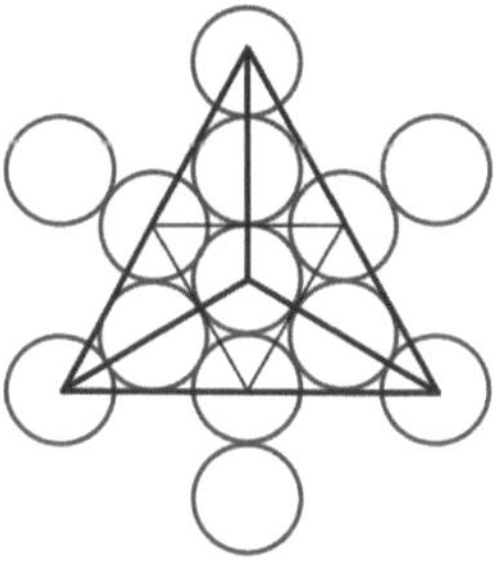

Tetraeder

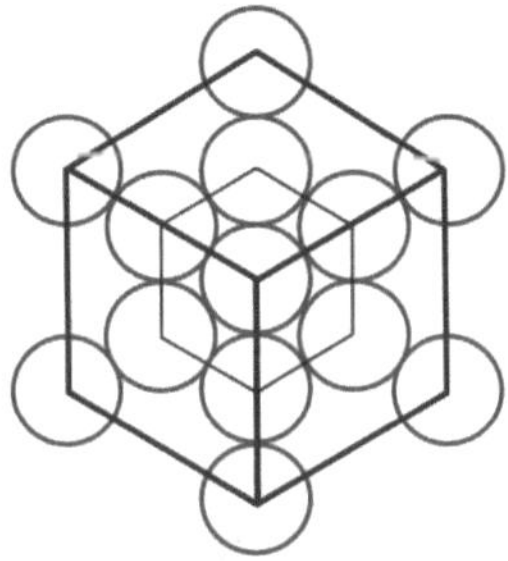

Würfel

Oktaeder

Ikosaeder

Dodekaeder

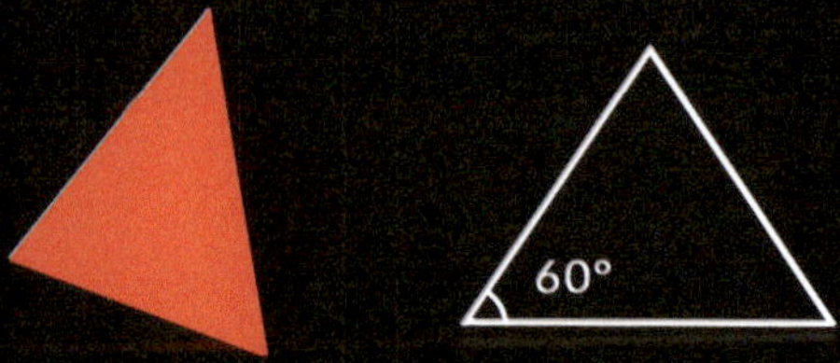

Tetraeder
Element Feuer
bestehend aus:
4 Flächen
4 Ecken
6 Kanten

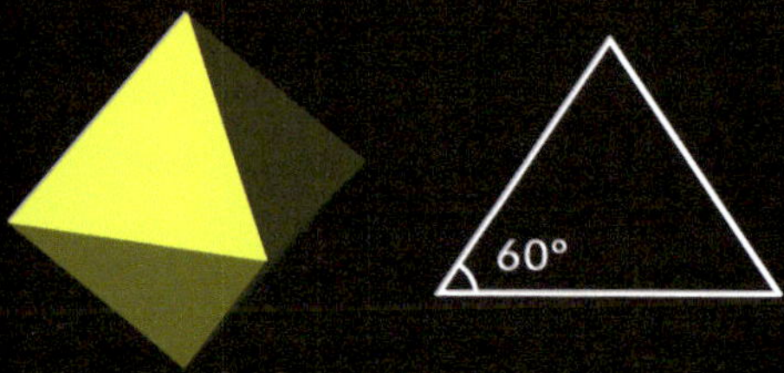

Oktaeder
Element Luft
bestehend aus:
8 Flächen
6 Ecken
12 Kanten

Würfel
Element Erde
bestehend aus:
6 Flächen
8 Ecken
12 Kanten

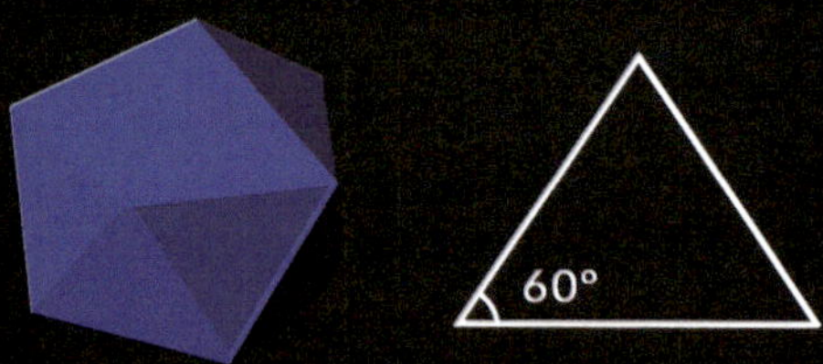

Ikosaeder
Element Wasser
bestehend aus:
20 Flächen
12 Ecken
30 Kanten

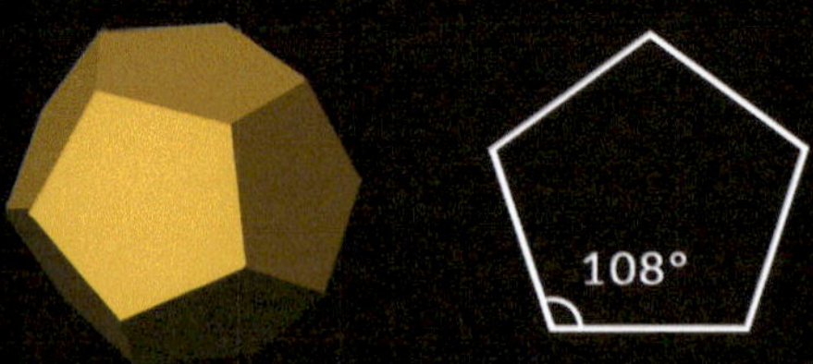

Dodekaeder
Element Äther
bestehend aus:
12 Flächen
20 Ecken
30 Kanten

Wir können somit ganz klar erkennen, dass in diesem Symbol die zeichnerische Darstellung der Grundbausteine unserer eigenen Existenz enthalten ist. Auf den Grundstrukturen der platonischen Körper basieren die Partikel, die uns selbst bilden, die unsere ganze Natur um uns herum bilden.

Jeder platonische Körper kann im Kleinen wie im Großen gefunden werden. So zeigt uns die Figur das Grundprinzip der Selbstähnlichkeit unseres Universums und die Hermetischen Gesetze:

Wie oben so unten. Wie innen so außen.
Wie im Großen so im Kleinen.

Als nächsten Schritt betrachten wir, wie die Zeichnung des Würfels des Metatron die 2D-Projektion einer dreidimensionalen Form ist, und sehen uns dazu analog auch alle einbeschriebenen platonischen Körper an. Wir können sie unterschiedlichen Formen aus unserer Erfahrungswelt gegenüberstellen, z. B. Mineralien, Edelsteinen etc. So spüren wir instinktiv die Wesentlichkeit dieser Lebensmuster.

Wir können dabei jeweils die innen liegende Form als den Ursprung sehen und die größere außen liegende aus ihr hervorgehend. Gleichzeitig beinhaltet die große Form die Information über den Ursprung. Wie innen so außen.

Wir in der Schöpfung

Haben wir uns bis jetzt Metatrons Würfel analytisch durch Betrachtung gewidmet, so möchten wir jetzt den nächsten Schritt tun und in die Strukturen hineingehen. Machen wir uns bewusst, dass wir uns in dem Spagat erfahren, gleichzeitig endlich und unendlich zu sein. Wie können wir das fühlbar und erfahrbar machen?

In einem Sterntetraeder

Sehen wir uns dazu die folgenden Zeichnungen an, die wir auch im Zusammenhang mit der Blume des Lebens und Metatrons Würfel erkennen. Einer begrenzten Form, hier dem Kreis, wird ein gleichseitiges Dreieck eingezeichnet und in einem weiteren Schritt ein zweites, um einen Davidstern zu bilden. Dabei entstehen sechs kleine gleichseitige

Dreiecke. Jedes von ihnen können wir uns eingezeichnet in einen Kreis vorstellen und bis in die Unendlichkeit auf gleichen Weg kleiner werden lassen.

Zeichnen wir diese Abfolge und beginnen dabei so groß wie möglich, um möglichst viele Zeichenschritte ausführen zu können. Fühlen Sie, wie Sie selbst diese Form werden, in die hinein sich das Leben in die Unendlichkeit führt.

Wirble Dich hinein in Deine Singularität und
Du wirst erkennen, dass das Zentrum
Deiner Existenz auch das Zentrum
von allem Anderen im Universum ist.
Nassim Haramein

Meditation

Horizonte der Wahrnehmung

Fühlen Sie sich mit Mutter Erde und Vater Himmel auf das Innigste verbunden und fühlen Sie, wie Sie das aus ihrer Liebe hervorgegangene Kind sind.

Fühlen Sie, wie eine Kugel sie ganz einschließt, gerade so groß, dass Ihre ausgestreckten Arme sie berühren können. Lassen Sie Ihre Wahrnehmung dieser Kugel sich vereinfachen und sehen Sie sie nur noch als einen Kreis um sich.

Passen Sie in den Kreis zwei Dreiecke mit gleich langen Seiten ein, eines mit der Spitze vor Ihnen, eines mit der Spitze hinter Ihnen – gerade so groß, dass alle Spitzen den Kreis berühren.

Sehen Sie, wie sich die Dreiecke überschneiden und wieder kleine Dreiecke mit gleich langen Schenkeln bilden. An jeder Dreiecksspitze entsteht so ein neues kleineres Dreieck.

Verlagern Sie Ihre Aufmerksamkeit jetzt auf das kleine Dreieck, das vor Ihnen entstanden ist, und begeben Sie sich direkt hinein.

Spüren Sie einen Kreis, der dieses Dreieck genau einschließt, und nehmen Sie sich im Zentrum des kleinen Kreises wahr.

Spüren Sie sich abwechselnd im Zentrum dieses kleinen Kreises und dann wieder im ursprünglichen großen Kreis, der den Ihren kleineren und fünf weitere Kreise einschließt.

Realisieren Sie, wie Sie diesen Schritt des Aufteilens und Hineinbegebens bis in die Unendlichkeit fortführen können. Kleiner werden, größer werden. Nach innen gehen, nach außen gehen. Differenzieren, addieren.

Spüren Sie, wie das Leben selbst sich in Ihnen trifft: Das Kleinere fügt sich in Ihnen bereits zusammen. Das Größere ist uneinsehbar, solange Sie sich nicht loslassen und sich über sich hinaustragen lassen.

Spüren Sie, wie Sie der Ereignishorizont der Wahrnehmung sind.

Öffnen Sie die Augen und kommen Sie mit dieser Erfahrung in den Alltag zurück, wenn sich die Übung abgeschlossen anfühlt.

In einem Quadrat – in einem Würfel

Erspüren wir als Nächstes die Form eines Quadrats und eines Würfels. Gehen Sie dabei wie gehabt vor.

Zeichnen Sie sich erst einmal die geometrische Form und vertiefen Sie sich dann so sehr in sie, bis Sie sich als ein kleiner Bewusstseinspunkt selbst in ihr fühlen. Lösen Sie sich von der Darstellung auf dem Papier und fühlen Sie direkt um sich selbst – als menschliche Person in einem menschlichen Körper – diese Form im »Nichts« des Raumes.

Wie fühlt sich die Form Quadrat um Sie herum an? Erinnern Sie sich, dass das Quadrat die 2D-Projektion eines 3D-Würfels ist. Fühlen Sie nun den Würfel um sich. Wie fühlt sich dieser um Sie herum an?

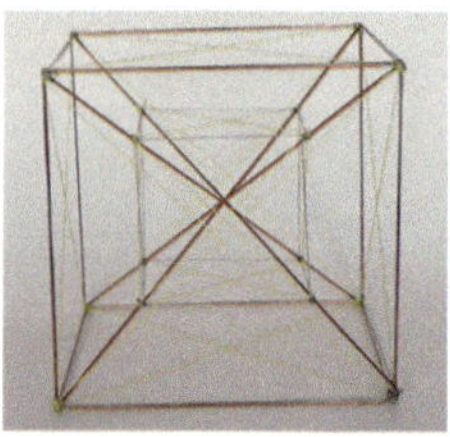

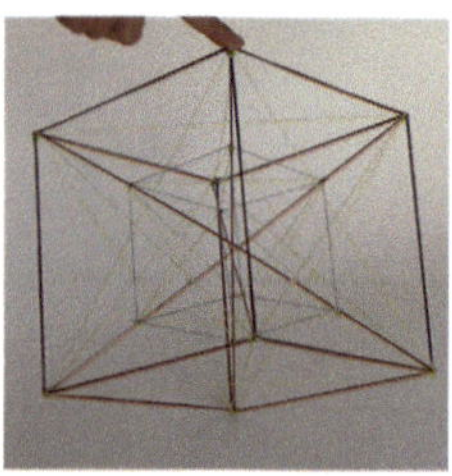

Strecken Sie sich, breiten Sie sich in Ihrem Würfel aus. Dehnen Sie ihn dazu gerade so weit aus, dass Sie mit ausgestreckten Armen und Beinen darin Platz haben. Spielen Sie mit der Position von Würfelraum und Ihrem Körper zueinander, spüren Sie also einmal die flache Seite, ein anderes Mal eine Ecke unter den Füßen. Machen Sie sich bewusst, dass die Form eines Sterntetraeders genau in einen Würfel hineinpasst und dabei jeder Eckpunkt des Sterns mit einem Eckpunkt des Würfels zusammenfällt.

In einem Oktaeder

Das Oktaeder ist einer der fünf platonischen Körper, genauer gesagt ein regelmäßiges Polyeder mit acht gleichseitigen Dreiecken als Flächen, zwölf Kanten und sechs Ecken, in denen jeweils vier Flächen zusammentreffen.

Das duale Polyeder zum Würfel ist das Oktaeder. Die Seitenmitten des einen Körpers bilden die Ecken des anderen. Sehen wir uns an und erspüren wir, wie das Herzstück eines Sterntetraeders ein Oktaeder ist. Die Strukturen dieser platonischen Körper sind auf das Innigste verbunden. Spüren wir uns selbst spielerisch in den verschiedenen Körpern.

In einem Ikosaeder und Dodekaeder

Die nächst komplexeren platonischen Körper Ikosaeder und Dodekaeder galten seit jeher als die heiligsten Formen unter den Körpern. Das Ikosaeder wird dabei mit dem Element Wasser und Christus verbunden, das Dodekaeder mit Äther und Christus. Aus beiden Formen zusammen ergibt sich eine Sternform, die auf die Dodekaederflächen nach Art des Ikosaeders Kappen aus fünf gleichseitigen Dreiecken setzt.

Das Ikosaeder entsteht aus 20 regelmäßigen, also gleichseitigen Dreiecken. Es ist also ein Körper (auch Vielflächner oder Polyeder genannt) mit 20 Flächen, 30 Kanten und 12 Ecken, an denen jeweils 5 Flächen zusammentreffen. Der Dualkörper zum Ikosaeder ist das Dodekaeder, das sich seinerseits aus 12 Flächen mit 20 Ecken und mit 30 Kanten formt.

Ikosaeder

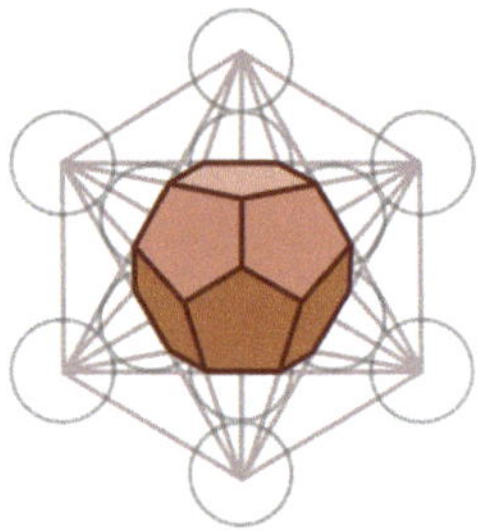

Dodekaeder

Mit seinen 20 Eckpunkten und seiner aus 12 gleichseitigen Fünfecken bestehenden Form fügt sich das Dodekaeder von allen platonischen Körpern am besten in die es umschreibende Kugel ein.

Geometrische Körper, die sich noch genauer in eine Kugel einpassen, sind aus noch einer größeren Anzahl von Einzelflächen zusammengesetzt. Sie kommen dann der Kugelschale noch näher, bestehen aber nicht wie die platonischen Körper ausschließlich aus gleich großen Vielecken mit gleichseitigen Flächen (kongruenten regelmäßigen Vielecken).

So fügt sich das Dodekaeder innerhalb der platonischen Körper am besten in die Kugel hinein, ist aber ohne die Kugel ähnlich wie der Würfel vergleichsweise instabil. Stellen wir uns diese Körper aus Strohhalmen oder Hölzchen gebaut vor, dann werden wir merken, dass sie, um dauerhaft stabil auch bei Druck von außen auf ihre Ecken und Kanten zu bleiben, Versteifungen bräuchten.

Das ist für mich ein wunderbares Empfinde-Beispiel, das mich den Unterschied zwischen dem reinen Dodekaeder und einem Stellated Dodekaeder spüren lässt. Unter einem Stellated Dodekaeder versteht man ein Dodekaeder, über dessen 5-seitigen Flächen sich Kappen aus gleichschenkligen Dreiecken befinden. Diese Form wird mit gleichseitigen Dreiecken ausgesprochen stabil. Die Stabilität einerseits und die Nähe der Form zur Kugel selbst lassen uns fühlen, dass diese Form dem Perfekten sehr nahekommt.

So verwundert es nicht, dass in der Spiritualität dieser Form des Stellated Dodekaeders eine ganz besondere Bedeutung zukommt. Sie wird als die energetische Form des Christus-Bewusstseins gesehen. Diese Form umgibt jedes Lebewesen, das in sein Christ-All-Sein eingegangen ist, und im Großen umhüllt diese Form als Christusgitter unseren ganzen Planeten Gaia.

Meditation

Das Dodekaeder erfühlen

Atmen Sie ruhig und gleichmäßig und spüren Sie Ihre tiefe Verbindung zu Mutter Erde und Vater Himmel, deren unendliche Liebe Sie hervorbringt und erhält.

Spüren Sie einen Energiekanal, der senkrecht durch Sie hindurch verläuft, und fühlen Sie, wie die Lebensenergie von oben und unten in Sie einströmt.

Sehen, spüren oder wissen Sie sich in einer Kugel. Wenn Sie die Arme ausstrecken, berühren Ihre Fingerspitzen gerade von innen diese Kugelschale. Das ist die Kugel, in der Sie bereits ein Sterntetraeder erspürt haben.

Diesmal werden Sie eine weit größere Figur um sich wahrnehmen, und zwar in der Form eines Dodekaeders. 12 Flächen gleichkantiger Fünfecke bilden seine Form. Sehen Sie diese vor Ihrem inneren Auge, so wie Sie sie in Erinnerung haben. Das Dodekaeder lässt uns die Heiligkeit der Zahl 12 erfahren. Die 12 ist die Zahl der Vollendung und bereitet den Weg für einen neuen Anfang.

Wie fühlen Sie diese komplexe Form?

Stellen Sie sich eine Kugel um Ihre bereits vertraute Kugel, in der Sie stehen, vor. Weiten Sie den Durchmesser dieser äußeren Kugel auf circa 16 bis 18 Meter aus.

Überprüfen Sie, ob sich die Mittelpunkte beider Kugeln in einem einzigen Punkt treffen. Wenn sich das nicht so anfühlt, korrigieren Sie dies in Ihrer Vorstellung, bis beide Kugeln perfekt mit einem gemeinsamen Mittelpunkt ineinander liegen.

Lassen Sie in diese große Kugel ein Dodekaeder wachsen. Fühlen Sie, soweit es Ihnen möglich ist, wie der aus 12 Flächen bestehende Körper um Sie liegt: Unter Ihren Füßen und über Ihrem Kopf liegt horizontal je ein gleichseitiges Fünfeck. An jeder Kante fügt sich ein weiteres Fünfeck an. In zwei Reihen mit je 5 Fünfecken fügen sich die Flächen um Sie. Ihr Dodekaeder wird so groß, dass es mit seinen Ecken genau die Kugelschale innen berührt.

Fühlen Sie sich in diesem großen Dodekaeder und der ihn umgebenden Kugel. Fühlen Sie die Vollendung Ihres bisherigen Seins, die den Weg bereitet in eine neue Sicht des Lebens.

Öffnen Sie die Augen, wenn die Meditation sich abgeschlossen anfühlt, und bringen Sie das Gefühl für eine neue Sicht des Lebens mit in Ihren Alltag.

Das Christusgitter

Als eine Art Netz im ätherischen Bereich können wir uns das Christusgitter vorstellen, welches die strukturelle Grundlage bildet, in die hinein sich das menschliche Bewusstsein in neues Sein und Erfahren weiterentwickeln kann. Mit Christus-Bewusstsein bezeichnen wir einen Daseins-Zustand, in dem wir unser Göttlich-Sein in der Form, im Hier und Jetzt, von Minute zu Minute leben als einen Christ-All-Tag.

Ein Sein, das uns auf das Innigste verbunden weiß mit allem, was ist, mit der gesamten Schöpfung und mit dem, was außerhalb der Schöpfung ist. Aus dieser neuen Bewusstheit, die uns über unsere Verbindung zum Christusgitter ununterbrochen zur Verfügung steht, lassen wir von nun an Schöpfung durch uns ins Leben fließen. Begeben wir uns hinein in die Struktur des Dodekaeders und Stellated Dodekaeders, so steht uns auf das Innigste die Information, die aus dieser heiligen Form hervorgeht, zur Verfügung.

Drunvalo beschreibt in seinem Buch *Die Blume des Lebens II* die verschiedenen energetischen Körper, die unseren physischen Körper für unsere spirituelle Entwicklung bedeutend umgeben. Die zwei wichtigsten Energiekörper sind dabei das Feld des Sterntetraeders gleich ganz nah um unseren physischen Körper und das Feld des Dodekaeders mit Ikosaederkappen, etwa mit einem Durchmesser von 16 m um uns herum.

Wenn wir uns mit dem Christusgitter verbunden haben (und nach seiner Aussage hat sich die ganze Menschheit bereits mit diesem verbunden), entwickeln wir uns alle dahin, das bewusst verkörperte Göttliche zu sein, der Christus zu sein.

So gefällt mir das Wortspiel, dass wir zu der Bewusstheit gelangen, Christ-All bzw. Kristall zu sein. Ein Kristall bildet sich aus Mineralien unter Druck und Reifung und weist keine zufällige, sondern eine gerichtete Anordnung seiner Bestandteile auf, mit veränderten Eigenschaften des Materials.

Dann entwickeln wir uns dazu, bewusst Christus und Mitschöpfer in einem Christ-All-Tag zu sein.

Schwingen wir uns ein auf dieses wunderbare Geschenk des LEBENS SELBST, indem wir mit der Form des Stellated Dodekaeders bewusst in Resonanz gehen.

Für jede der Millionen von Spezies existiert ein geometrisches elektromagnetisches Feld um die Erde herum. Das ist nötig, um diese Spezies ins Leben zu rufen und zu erhalten. Auch für uns Menschen liegen elektromagnetische Felder um die Erde herum. Eines, das uns ganz im Dualitätserfahren das Leben erfahren lässt, und eines, das uns das Leben aus der Sicht des Einheitsbewusstseins erfahren lässt. Das Feld des Einheitsbewusstseins schwingt die Information, wie wir die Göttlichkeit in der Form leben. Wir nennen es das Christusgitter.

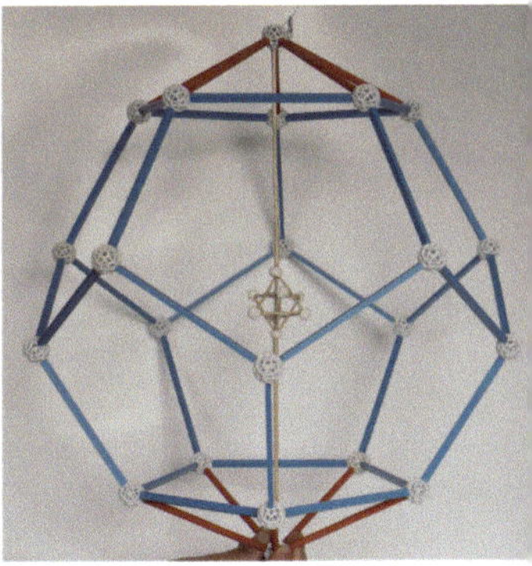

Meditation

Dodekaeder in Resonanz – das Christusgitter

Seien Sie sich der unendlichen, unvorstellbaren Liebe von Mutter Erde und Vater Himmel bewusst und lassen Sie beiden gleich Ihre unendliche, bedingungslose Liebe zufließen. Spüren Sie sich auf der Erde stehend.

Eine Kugel umgibt Sie, eine Handlänge über Ihrem Kopf und eine Handlänge unter Ihren Fußsohlen führt ihre Oberfläche durch.

Spüren Sie die Form eines Sterntetraeders wieder um sich, das genau in diese Kugel passt. Sie wissen um Ihre Proportionen und dass Sie in dieser Kugel mit ausgestreckten Armen Ihre Fingerspitzen von innen gerade an die Kugeloberfläche antippen können.

Spielen Sie mit der Vorstellung, in vielen weiteren geometrischen Energiefeldern zu stehen. Geben Sie sich zufrieden, sich in Feldern zu wissen, wie auch immer sie aussehen mögen.

Vertrauen Sie sich ganz der Führung von Mutter Erde an und ihren Impulsen. Sie ist es, die unsere Weiterentwicklung anstößt und vorantreibt. Das höchst-schwingende Sie umgebende geometrische Energiefeld ist das Dodekaeder.

Fühlen Sie sich inmitten eines großen Dodekaeders, das von einer Kugel mit ca. 16 - 18 m Durchmesser umgeben ist. Horizontal über Ihrem Kopf und unter Ihren Füßen liegt je eine der zwölf Flächen der gleichseitigen Fünfecke. Spüren Sie die Heiligkeit dieser Form.

Stabilisieren Sie Ihr Dodekaeder mit den Kappen aus Dreiecken. Spüren Sie die göttliche Schöpfungsweisheit und die Kraft in dieser perfekten geometrischen Gestalt.

Nehmen Sie wahr, wie auch die Erde selbst diese gleiche Form des zum Stern gewordenen Dodekaeders umgibt, das Christusgitter. Es schließt Sie selbst und jeden Menschen überall mit all seinen geometrischen ihn umgebenden Feldern ein.

Spüren Sie, wie sich die Form Ihres Dodekaeders und die Dodekaeder-Form des Christusgitters, das unsere Mutter Erde umgibt, gleichen, wie sie ein winziger Abdruck des großen Originals ist. Machen Sie sich bewusst, wie auch Ihr Christus-Potenzial ein Abdruck des göttlichen Christ-Seins ist.

Setzen Sie die Intention, all Ihre Daseins-Information über die Resonanz Ihres eigenen Dodekaeder-Feldes von nun an aus diesem Feld des Christusgitters zu atmen. Wiederholen Sie diese Intention, egal ob in Meditation oder im Alltag, wann immer Sie den Impuls verspüren.

Kapitel 5

Es erscheint
immer unmöglich,
solange es nicht getan ist.
Nelson Mandela

Polarität - Dualität

Wenn wir in der Tiefe ein All-Eins-Schöpfungsprinzip entdecken und empfinden, wie ich es im vorangegangenen Kapitel aufgezeigt habe, werden wir frei und offen für eine neue Sichtweise von scheinbar Unvereinbarem.

Wir werden frei, eine als unvereinbar empfundene Dualität loszulassen und das Leben und die Lebendigkeit in Polarität zu erfahren, wie Wikipedia definiert: Polarität ist ein Ausdruck der Philosophie für das Verhältnis sich gegenseitig bedingender Größen. Sie unterscheidet sich vom Dualismus, bei dem die Größen als antagonistisch (nicht miteinander vereinbar) gesehen werden. Bei der Polarität geht es nicht um einen unvereinbaren Gegensatz, sondern um ein komplementäres Verhältnis.

Unser Sein können wir, wie bereits verständlich gemacht, auf zweierlei Weise empfinden: entweder inmitten der Schöpfung oder gegenüber dem Rest der Schöpfung. Weiterhin können wir diese beiden Zustände in Verbindung bringen mit den beiden in den verschiedenen Kulturkreisen und Religionen beschriebenen Zuständen des Lebens: in Harmonie und in Disharmonie.

Erinnern wir uns dazu an Formulierungen aus der Religion oder Spiritualität, wie die Vertreibung aus dem Paradies oder der Fall in den Dimensionen.

Die vermeintliche Trennung

Drunvalo wählt in seinen Beschreibungen Worte, die uns erklären, dass wir uns mit unserem Bewusstseinssitz ursprünglich in einem harmonischen Zustand in unserem Herzen befanden und das, was wir als den Fall oder den Wechsel der Dimensionen empfinden, ein Herausbewegen aus unserem Herzen in unseren Verstand war.

Unser heiliger Herzensraum wurde von uns ganz eingenommen und von diesem Raum aus lebten und gestalteten wir die Welt. Weil alles an diesem Platz im ursprünglichen Schöpfungsbewusstsein ist, ergab sich alles, was wir daraus manifestierten, was wir unsere erfahrbare Umwelt nennen, in Harmonie, Freude und Leichtigkeit für alle Lebewesen und für alles, was ist – in einem Feld, welches bedingungslose Liebe zum Ursprung hat. So nahmen wir alles aus dieser Sicht heraus wahr und waren selbst mittendrin geborgen in unendlicher Freude, Fülle und Schönheit, in göttlichem Frieden. Wir konnten gar nicht anders, als aus diesem Blick heraus in die Existenz schauen.

Wie Drunvalo es formuliert, war es eine Bewegung unseres Bewusstseinssitzes hinauf in unser Gehirn, die uns in eine vermeintliche Trennung brachte.

Der Blickwinkel aus dem Gehirn ist es, der uns eine um 90 Grad gekehrte Sicht auf alles sehen lässt. Wenn wir uns unser Herz und Gehirn bildlich vorstellen und auch die Rolle der Zirbeldrüse mit einbeziehen, dann kommt mir das Bild, dass unser göttlicher Funke den ursprünglichen Platz im Herzen verlässt und sich in das Gehirn begibt. Sobald das Gehirn steuert, kann der Mensch das, was ursprünglich ist und was die Schöpfung im Blick des Schöpfers ist, nur durch eine Ablenkung wahrnehmen. Hier kommt die Zirbeldrüse ins Spiel, die vom Zellaufbau her einem Auge ähnelt und die von Weisen als das Organ zum Sehen mit nur einem Auge beschrieben wird.

Das Verhalten des Lichtes an einem Prisma (hier ein Schaubild aus der Physik) macht das oben Beschriebene erklärbar. Wenn nur das Gehirn steuert, sehen wir jede einzelne Frequenz – im Bild unten rechte Seite – und erfahren sie einzeln. Wenn die Steuerung über das Herz läuft – Bild linke Seite –, nehmen wir alle Frequenzen gleichzeitig wahr und sehen ein komplettes Bild.

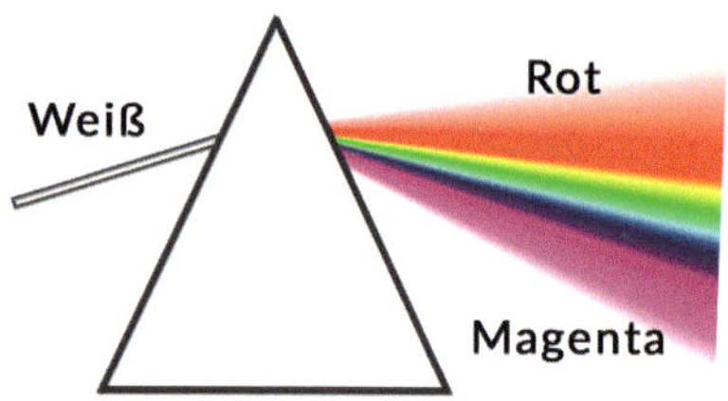

In meinen inneren Bildern zeigt sich dieses Empfinden als der göttliche Strahl, der aus sich heraus strahlt und leuchtet. Als ES. Er leuchtet auch noch aus sich heraus, wenn die Singularität sich selbst zu erfahren beginnt, als Untereinheit eines Lichtanteils in diesem göttlichen Strahl.

In dem Moment, in dem sich die Singularität auf Abenteuer begibt und sich getrennt von der Quelle erfahren möchte, entsteht ein Lichteffekt. Der göttliche Strahl zeigt sich nicht mehr im göttlichen Blickwinkel selbst, sondern abgelenkt. Diese Ablenkung zeigt sich wie ein Aufbrechen der ursprünglichen göttlichen Wirklichkeit, des göttlichen Strahls, an einem Prisma.

Das von Aurasichtigen wahrgenommene Energiefeld des Menschen drückt sichtbar diese Aufspaltung in den Spektralbereich in den Chakren und den zugeordneten Farben aus, die sich in Balance zu leuchtendem Weiß ergänzen. Wie sich der Strahl der Sonne an einem Prisma oder Wassertropfen in die Spektralfarben aufspaltet und wir das Sonnenlicht mit unseren Augen sehen können, teilt sich durch unser Positionieren unserer einem Prisma gleichenden Singularität das Licht der göttlichen Schöpfung in all seine einzelnen Frequenzbereiche.

Wir sehen mit unserem aus dem All-Eins-Sein losgelösten Blick All-ES-Sein nur noch in Einzelfacetten. Diese Einzelfacetten zeigen uns all die verschiedenen Aspekte des Lebens und lassen sie uns einzeln wahrnehmen und erfahren. Dabei verlieren wir die Gesamtheit aus dem Blick, in der alles wunderbar strahlendes Licht ist, und verlieren uns in Teilaspekten des Daseins. Wir fühlen, je nachdem, in welche Richtung wir sehen, kalt oder heiß, schwarz oder weiß, Zuneigung oder Abneigung.

Es gibt ein Urbild und es gibt ein Bild, auf das wir von oben draufschauen können. Wir können hier davon ausgehen, dass das Leben ein Experiment angelegt hat und möchte, dass wir erfahren und ausprobieren. Und jeder von uns ist ein Mitspieler in diesem Experiment und probiert es aus. Trotzdem hat uns die Sehnsucht, wieder zu unserem Ursprungsblick zurückzukehren, nie verlassen.

So möchte ich uns eine Möglichkeit bieten, mit unserem Blick zu spielen bzw. zu schwenken, um den einen Schöpfungsstrahl wieder in seiner Fülle und Schönheit zu empfinden, zu fühlen, zu sehen und zu leben.

Ein neuer Blickwinkel

Stellen wir uns vor, wir sind eins mit dem Prisma, an dem sich der göttliche Strahl in alle Einzelqualitäten des Lebens rundum aufbricht. Mit unserem Blick können wir jeweils einen Aspekt genau ins Visier nehmen und diese Qualität dann erfahren. Seien wir uns dabei bewusst, wie sich die einzelnen Qualitäten in einem 360-Grad-Rundumblick so aufgespalten haben, dass sich am Kreis gegenüber immer die ausgleichende Ergänzung zum All-Einen befindet.

Wenn wir unsere Aufmerksamkeit in eine der Blickrichtungen richten, ist es eine Gesetzmäßigkeit, dass die entgegengesetzte Blickrichtung ebenfalls gefördert wird. Viele spirituelle Lehrer haben daher die Sichtweise, dass in unserer in Teilaspekte aufgespaltenen Welt eine Schutzmaßnahme wirkt, welche eine Veränderung der Ursprungsausgeglichenheit verhindert.

James Cameron lässt in seinem Film *Avatar* Naitiri sagen: »Unsere große Mutter zieht keine Seite vor, Jake. Sie sorgt nur dafür, dass das Leben im Gleichgewicht ist.«

Wie können wir nun einen neuen Blickwinkel ausprobieren und uns eine neue Sicht aneignen?

Gehen wir wieder ganz in das Bild der aufgespaltenen Realität und fühlen wir uns sehend mit unseren physischen Augen in eine Richtung schauend, die nur einen Teilaspekt des aufgespaltenen Seins darstellt. Wir sehen eine Realität, deren Getrenntheit und Disharmonie wir uns über einen langen Zeitraum haben erfahren lassen. So wird es uns nicht spontan gelingen, die Kontrolle über unser Sein loszulassen.

Bevor wir loslassen können, müssen wir Vertrauen in das aufgebaut haben, was nach einem Loslassen auf uns zukommt.

Loslassen der eigenen Vorstellungen

Unsere Erfahrungen aus einem in einem langen Zeitraum gefühlten Erlebensschatz haben sich in uns festgesetzt: Wir erleben es als unabdingbar, dass wir uns einsetzen und bemühen müssen, um unsere eigene Situation sicher und harmonisch zu halten. Auch auf gesellschaftlicher Ebene sehen wir die Notwendigkeit, dass wir etwas erreichen, erstreben, verteidigen müssen. Philosophische Richtungen wie der Darwinismus, der das Überleben des Stärkeren postuliert, bestätigen unser Verhalten. Mit Mut und Vertrauen lassen wir los und übergeben uns und alles dem göttlichen Willen.

Was können wir tun, damit wir uns trauen, unsere aufgespaltene Sicht loszulassen?

Anbindung an die Quelle

Um sich im Vertrauen bewegen und hingeben zu können, muss die Anbindung an die Quelle immer aus der nächsthöheren Dimension kommend sein.

Es erfordert das Zulassen einer neuen Sicht, eines neuen Empfindens, das uns eine Handlungsweise ermöglicht, wodurch unser angeborenes Verhalten aufgebrochen wird und letztlich überwunden werden kann. Dafür können wir uns wieder in ein Spielen begeben.

Kommen wir auf unser Gefühlsexperiment zurück, in dem wir das Prisma sind, das sich von der Quelle entfernt hat. Besinnen wir uns darauf, dass wir Teil eines gewaltig großen, perfekt strukturierten Organismus sind, der sich auf seinem eigenen Weg befindet, in dem wir uns nur getrennt wahrnehmen können, aber nicht sind.

Dieser Zustand ist es, den es zu entdecken gilt. Aus ihm heraus ist ein Handeln möglich. In dem Sichtwinkel entlang des Strahls aus dem göttlichen Licht ist Differenzierung weiterhin möglich. Doch sieht Differenzierung nicht mehr nach dem aus, was uns die Dualität zeigt, bei der es uns nicht machbar ist, zwei gegensätzliche Qualitäten gleichzeitig zu sehen. Stattdessen eröffnet sich uns ein Wahrnehmen von Schönheit in Paradoxität.

Wenn wir eine Zeit lang völlig kopfgesteuert leben,
verlieren wir den Kontakt mit dem unbegrenzten Selbst
und wir beginnen, uns verloren zu fühlen.
Das passiert, wenn wir die ganze Zeit im Modus des
Tuns sind, anstatt im Modus des Seins.
Anita Moorjani

Meditation

Wir kippen die Dualität

Vertrauen wir uns der Schöpfung an:
Lassen Sie sich ganz auf dieses Empfinden ein, können Sie in diesem Empfindungsspiel üben, wie Sie all Ihre Vorstellungen und Konzepte von sich und der Welt loslassen, wie Sie sich sehen und wie das göttliche Licht und den göttlichen Strahl. In Ihrer eigenen inneren Welt, in Ihrer Meditation, erspüren Sie, was es bedeutet, wenn Sie sich ganz in die Geborgenheit der Schöpfung und des Schöpfers zurücklehnen.

Wir beginnen:
Kommen Sie zur Ruhe, schließen Sie die Augen und atmen Sie ruhig und gleichmäßig. Spüren Sie sich aufrecht stehend oder sitzend. Spüren Sie sich in einer »Position«. An einem »Standpunkt«. Fühlen und wissen Sie dabei die Schöpfung in all ihren Teilaspekten auf einem Kreis rundherum um sich aufgetragen. Ihr Blick zeigt wie die Nadel eines Kompasses in eine bestimmte Richtung.

Prüfen Sie, ob Sie überhaupt in der Mitte dieses Kreises zentriert sind. Wenn nicht, nehmen Sie über Ihre Wahrnehmung nochmals eine Korrektur vor, bis Sie sich zu allen Stellen auf dem Kreis in gleichem Abstand empfinden und somit genau in der Kreismitte. Sie verbinden sich in perfekter Ausgeglichenheit mit den Schöpfungskräften, die Sie in diesem Leben halten, mit Mutter Erde und Vater Himmel.

Legen Sie sich in Ihrer Vorstellung jetzt ganz zurück, sodass Ihr Blick nach oben zeigt.

Lassen Sie sich vertrauensvoll in den Schoß der Schöpfung entlang der Linie gleiten, die Mutter und Vater verbindet. Sehen Sie, wie der Ihnen bekannte Aufspaltungskreis immer weiter weg von Ihnen gleitet, sich immer weiter weg über Ihnen empfindet. Gleichzeitig wird Ihnen immer mehr sichtbar, dass es gar kein Kreis ist, vielmehr ein Ring, der eine Lichtsäule oder einen Lichtkegel außen umfasst. Je tiefer Sie vertrauensvoll in den Schoß der Schöpfung sinken, desto kleiner werden die Ringe, die Sie um sich fühlen. Desto kleiner empfinden Sie die Trennungsunterschiede der verschiedenen Lichtqualitäten. Selbst wenn Sie jetzt eine Lichtqualität genauer fokussieren, sehen Sie auch gleichzeitig die Präsenz aller anderen aufscheinen.

Sie können den Fokus wählen und sich in ihm bewegen. Genauso, wie Sie sich im All-Einen bewegen können und bewegen lassen können.

Kommen Sie mit all Ihrer Aufmerksamkeit wieder in den Alltag zurück und bringen Sie das Wissen und die Erfahrung dieses All-Es-Ist-Eins-Blicks mit.

Sehen wir uns weitere Spiel-Betrachtungen an:
Warum sagen die verschiedenen Weisheitslehrer, dass wir alle gleich sind und so auch der Bettler irgendwo im Graben und Jesus Christus gleich sind?

In einem imaginären Säulen- und Kugelmodell stelle ich mir vor, wie ich in meiner Säule auf- und absteige und wie um mich herum andere Kugeln auf- und absteigen. Ich gehe von einer außerhalb von meiner Kugel liegenden Lichtquelle aus, die uns alle aus einer Richtung bescheint. Unser Kugelsein definiere ich dabei als das Einverständnis des Teilnehmens an diesem Licht-(Schatten)-Spiel.

Dabei scheinen durch ihre »Lichtrücknahme« im Vergleich zu einer externen Lichtquelle alle Kugeln halb Schatten, halb Licht zu sein. Je nachdem, wo ich mich befinde, nehme ich die Kugeln um mich herum dunkler oder heller, schattiger oder lichter wahr. Ich spiele mit meiner Bewegung in meiner Säule, fahre rauf und runter und betrachte die anderen Kugeln. Ich kann mich in ihnen spiegeln und über das Spiegeln reflektieren.

Ihre lichte Seite spiegelt meine Schattenseite besonders gut. Meine Lichtseite wirft ihre Schattenseite zurück. Ich fühle, wie die Wahrnehmung einer besonders schattigen Kugel einfach die Wahrnehmung einer der Quelle wesentlich näheren Kugel sein kann. Das fühlt sich in meinen Empfindungen revolutionär an und ich spüre, wie in diesem Modell die unangenehmste dunkle Kugel dem Licht wesentlich näher ist als ich als Kugel.

Der Gedanke, meine Position ändern zu wollen, lässt mich sofort einen anderen Standpunkt zum Licht einnehmen. Genauso funktioniert es mit dem Wunsch, aus meiner eigenen inneren Quelle zu leuchten.

Aber solange ich gerichtetes Licht aussende, sehe ich jetzt durch meine Ausrichtung als Licht oder Schatten gewertete Ergebnisse. Ich realisiere: Es geht um ein allumfassendes Scheinen aus meiner Kugelmitte heraus in alle Richtungen. Dabei nehme ich bewusst wahr, dass auch die große Lichtquelle, die das ganze Szenario der Säulen und Kugeln beleuchtet, ebenfalls in alle Richtungen strahlt.

Das Säulenmodell zeigt sich mir nach dieser Erkenntnis in größerem Umfang und ich realisiere, dass die Säulen nicht von einer Ebene ausgehen, sondern auf der Innenseite einer Riesenkugel aufstehen und sich geradewegs zur Lichtquelle im Kugelzentrum orientieren.

Die nicht polare Sicht

Ich entdecke eine weitere Möglichkeit, wie all diese Kugeln diese Licht-Schatten-Polarität auflösen können. Wenn ich in meiner Kugel nicht mehr zur Quelle gerichtet oder von der Quelle weg sehe, sondern meinen Blick um 90 Grad in die »Ebene« zur Kugelschale schwenke und alle anderen Kugeln dies ebenfalls machen, dann verbinden wir uns alle in einer nicht polaren Sicht.

Je mehr wir auf einer ähnlichen Säulenhöhe stehen, desto besser. Sind wir richtig gut synchron ausgerichtet, können wir uns als Kugelschale in der Kugelschale bewegen, als solche pulsieren oder schwingen. Das Empfinden des Bewegens als ein Organismus stellt sich ein. Jede Kugel ist gleichwertige Zelle in diesem größeren Sein.

Anstelle der Prisma-Erfahrung erlebte ich in einer meiner Meditationen ein Erfahrungsbeispiel, an dem mir meine Führung zeigte, wie sich die Wirklichkeit aufspaltet und sich auch wieder als eins wahrnehmen lässt anhand eines Beispiels, das ich mit meinem Vater zu dieser Zeit immer wieder diskutierte.

In der Situation nahm ich den Part des Betrachters ein, bei dem ich in einem mit Wasser gefüllten Glas immer die Fülle sehen wollte. Part meines Vaters damals war es, immer die fehlende Menge zu fokussieren. Wir kamen in unseren unterschiedlichen Empfindungen nicht wirklich weiter, bis ich in meiner Meditation über das Schwenken des Blickes die Glas-Wasser-Situation erfühlte.

In hinein – aus heraus

In meinem Beispiel ist ein Glas halb voll und halb leer. Ich empfinde mich in diesem Glas und kann wahlweise in den leeren oder vollen Teil hineinfühlen. Neugierig begebe ich mich an die Oberfläche selbst. Wie fühlt es sich an, entlang der Oberfläche zu sehen? Ich schwenke meinen Blick hinein in diese Richtung.

Hier gibt es keine Differenzierung – leer oder voll – mehr, sondern es ist beides gleichzeitig vorhanden und ich

kann zum Spieler werden, der bewusst gleichzeitig alles wahrnimmt. Weil die Gleichzeitigkeit von Unterscheidungen sich mir zeigt, kann ich die Richtung, wie ich schaue und wie ich mich bewege, bewusst wählen oder gleich fallen lassen.

Wenn wir uns dann erlauben, das zu erfahren, was sich für unser System freudvoll, harmonisch, friedlich, liebevoll, wahr und vertraut anfühlt und unserem inneren Empfinden von Schönheit entspricht, einer Schönheit in Übereinstimmung mit der Schöpfung, wird unser System, das weit mehr umfasst als das »Ich« sich entsprechend diesen Empfindungen im nächsthöheren »Raum« bewegen und wir werden an diesem Aufenthaltspunkt erfahren, was wir diese »neue Welt« nennen. Wir können uns dort einfach nur aufhalten oder von Harmoniepunkt zu Harmoniepunkt bewegen.

In diesem Spiel des Egalen, des Gleichen, fühle ich mich als Tänzer. Als dieser Tänzer traue ich es mir zu, mal in die Flüssigkeit und Form, mal in den Geist zu gehen, der in sich selbst mal mehr das eine, mal das andere Sein empfindet.

Um diesen Berührungspunkt fühle ich mich als Seele getanzt mit einem Gegenpol der, wenn ich die Form vertiefe, die Nichtform vertieft. Der, wenn ich die Nichtform vertiefe, die Form vertieft. Was ich da als Gegenpol empfinde, können wir uns gut als folgendes Bild vorstellen: Wir tanzen einzeln auf einer großen Tanzfläche, nicht wissend, wer ebenfalls alles tanzt, und doch sind wir im Tanz miteinander verbunden. Der Mittänzer, der unsere

Figuren ganz automatisch ergänzt, tanzt weiter und neue Figuren mit anderen Tänzern werden aufgenommen und weiter ausgeführt.

Nochmals zurück zum Herzen

Im Laufe der Geschichte haben wir uns angewöhnt, die Welt nicht mehr von der Stelle aus, von der wir mit allem Leben überall verbunden sind, zu betrachten, sondern wir haben unsere Blickposition dahingehend verändert, dass wir auf die Schöpfung draufschauen. Wir haben uns sozusagen aus der Schöpfung herausgenommen und betrachten sie.

Wenn uns aus der Gesamtheit der Schöpfung etwas widerfährt, reagieren wir mit Abstand zur Schöpfung und fühlen uns entweder persönlich bedroht oder persönlich hervorgehoben.

Aus den uralten Schriften des Hinduismus, der Upanischaden, wissen wir bereits aus einem früheren Kapitel, dass es die Schöpfung in unserem Herzen genauso gibt, wie es sie hier im Außen gibt. Der Herzensraum ist der Platz, den wir kennen und wissen sollen. Wenn wir ihn kennen und wissen, dann können wir erfahren, was es bedeutet, wenn wir uns dorthin begeben und dort befinden und von dort aus das Leben wahrnehmen.

Dieser Hintergrund ist es, der uns in die Schöpfung hineinbewegt. So gefühlt stehen wir in gänzlich anderer Beziehung zu uns und zur Schöpfung, als wenn wir aus dem Kopf und mit dem Verstand auf die Schöpfung draufsehen.

In den beschriebenen Betrachtungen haben wir unseren Blick in ganz unterschiedliche Richtungen schweifen lassen. Dies sollte uns spüren lassen, wie sich uns die von uns gefühlte Dualität aus dem göttlichen Lichtstrahl zeigt, wenn wir uns nicht im Blickwinkel des Göttlichen positionieren. Im Blickwinkel des Göttlichen ist aber weiterhin Diversität in unserer Schöpfung enthalten, mehr noch, selbst Gegensätze vielfältigster Art.

Doch zeigt sich in dem neuen Winkel ein Gegensatz-Paar nicht mehr als Dualität, sondern nur noch als Polarität. Als solche ist sie geradezu lebensnotwendig. Neue Forschungen zeigen unser komplettes Universum als das Ergebnis, das in die Vereinigung zweier Gegensätze hineingewachsen ist. Die Vereinigung einer Nord- und einer Südkraft, einer Plus- und einer Minuskraft oder einer männlichen und einer weiblichen Energie erzeugt das Schöpfungsfeld. Dieser Mechanismus zieht sich durch alle Größen des Lebens als ein fraktales Gesetz durch.

Leben ist ein Tanz

Leben ist ein Tanz aus zwei gegensätzlichen Energien. Nur durch die Zweiheit der Energien entsteht Bewegung und in ihrer liebenden Vereinigung als dritte neue Schöpfung.

Eine von ihnen hat mehr mit Struktur selbst zu tun, die andere mehr mit Hineinwachsen und Sichausdehnen hinein in die Struktur. Mir scheint die Zuordnung zu diesen beiden Begriffen von männlich und weiblich auch im Hinblick auf unser menschliches Dasein passend.

Dabei beschreibt Struktur mehr das Männliche und das Hineinwachsen mehr das Weibliche. Ich kann auf verschiedensten Ebenen sehen, wie aus dem Zusammenspiel der beiden Kräfte Stabiles entsteht und wie in der Vernachlässigung einer der Kräfte oder auch nur dem Hintanstellen Disharmonie entsteht. Selbst heruntergebrochen auf die Körperebene erscheint es mir so, dass mein männlicher Anteil die Struktur legt für das, was mein weiblicher Anteil dann hineinbildet und verstofflicht.

Umgekehrt kann ich spüren, wie ein Nicht-zur-Verfügung-Stehen einer strukturierenden Kraft den jeweils anderen Anteil nervös, konzeptlos, unkontrolliert und unstrukturiert macht und genau das ebenfalls verstofflichen lässt. Wenn ich an die Zeit der Geburt meines Sohnes zurückdenke, in der ich so ganz im Weiblichen als Person war, waren mir diese strukturierenden Kräfte sehr viel weniger zugänglich als zuvor oder später wieder und ich habe mich ohne männliche Unterstützung im Alltagsleben unendlich haltlos gefühlt.

POLARITÄT – Zweiheit in Anziehung – erzeugt Bewegung

Aus der Anziehung zweier unterschiedlicher Kräfte entsteht Bewegung, eine Bewegung, die Richtung und Drehung gleichzeitig aus sich heraus ausdrückt.

Mir ist es auf diesen ganzen Seiten nicht wichtig, Fakten zu präsentieren oder gar irgendeine Erfahrung als wahr anzunehmen. Vielmehr möchte ich vorausschieben, dass ich nichts weiß, dass wir nichts wissen, dass ich und wir aus meiner Sicht Fühler sind im großen Sein. Ich bin ein Spieler und das, was ich fühle und spiele, traue ich mich, für Sie und für mich festzuhalten. Ich traue mich zu offenbaren. Erst wenn das große Spiel beendet sein wird, in der Rückschau, werden uns allen Erfahrungen, Erkenntnisse, Schritte in unseren großen gemeinsamen Pool des Erfahrens Mensch zur Verfügung stehen und wir werden erkennen, was von Bedeutung bleibt.

Spielen wir mit dem Blick unseres Seins

Wir sind trainiert und geübt, auf alles draufzusehen, aber haben wir schon trainiert und geübt, aus allem herauszusehen? Nehmen wir nochmals das bereits beschriebene halb volle Glas Wasser. Eine beliebte Reflexion ist für viele die Frage, wie viel Wasser sich in dem betrachteten Glas befindet. Je nachdem, ob jemand den Weg des positiven Denkens oder den Weg des negativen Denkens bevorzugt, wird er unterschiedlich formulieren, was in dem Glas enthalten ist. Der Betrachter wird die Fülle in diesem Glas sehen oder er wird genau das bevorzugt wahrnehmen, was fehlt, was noch weiter hineinpassen würde.

Für mich ist es eine interessante Übung, loszulassen und den Standpunkt völlig zu wechseln. Ich schaue weder von der einen noch von der anderen Sicht auf dieses Glas oder diese Oberfläche drauf, sondern ich schwenke meinen Blick und begebe mich direkt auf seine Oberfläche, gehe genau dorthin, wo sich die beiden Verschiedenheiten berühren. Genau den Standpunkt auf bzw. besser in dieser Oberfläche nehme ich ein und möchte sie von dort aus fühlen.

Von dieser Oberfläche aus fühle ich auch die Vollkommenheit des Alles-ist-wie-es-Ist. Nachdem ich mich in vielen Fühlübungen immer wieder in das Sein hineingespürt habe, mich innerhalb der Oberfläche gefühlt habe, ohne sie nach oben oder nach unten zu verlassen, hat dieses für mich ein symbolisches Schlüsselempfinden hervorgebracht. Dieses Sein in der Oberfläche im Glas, dort wo sich Wasser und Nichtwasser berühren, ist für mich ein Symbol für das, was ich bin: ein Wesen, das in die Form an der Schnittstelle kommt, an der sich Stofflichkeit und Geist miteinander verbinden. Als ein Aspekt dieser Oberfläche reflektiere ich dieses Berühren. Als Ereignishorizont.

Dort, wo sich zwei Energien begegnen – eine, die aus den niedrigeren Frequenzen kommt, und eine, die aus den höheren Frequenzen sich annähert –, residiert unser Bewusstsein. Alles ist nichts als Schwingung und nur die Art unserer Wahrnehmung lässt uns Stofflichkeit erfahren.

In meinem simplen Beispiel kann ich mich horizontal auch auf dieser Oberfläche im Empfinden ausweiten und die gesamte Oberfläche als gleich, als EINS empfinden. Ich kann mich vertikal ausrichten. Dann kann ich zwei Zustände wahrnehmen, den Zustand der Form und den Zustand der Nichtform, und gleichzeitig kann ich wahrnehmen, wie und dass sie beide egal, also gleich gültig sind.

Sichtänderung

Ähnlich wie ich mich im Kleinen für Sichtänderungen interessiere, zeigt es sich mir im Außen und im Großen, dass wir uns in einer Zeit befinden, in der wir alle beweglich werden in unseren Sichten. Besonders gefällt es mir auch zu sehen, wie sich Sichten in den großen Zusammenhängen bewegen.

In den verschiedenen Kulturen über die Erde verteilt werden seit jeher Urbilder eines paradiesischen Zustandes,

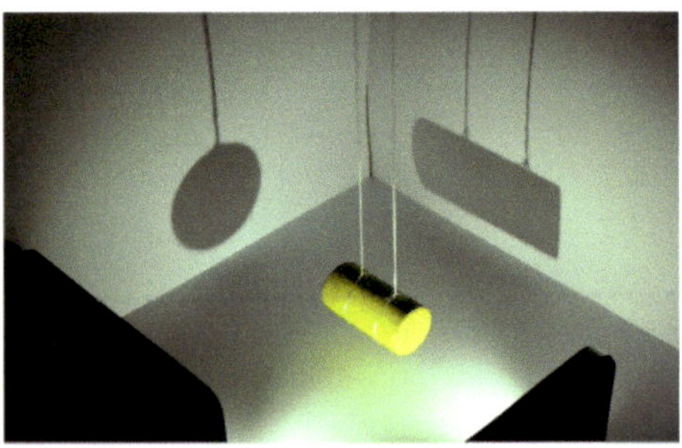

in dem alles in Harmonie zusammenlebt, getragen und genährt. Ein weiteres Urbild ist ein Zeitablauf in Zyklen. Zyklische Abläufe werden über die ganze Erde beschrieben. So sprechen die Mayas von Kalendern in Kalendern in Kalendern. Im indischen Kulturraum finden wir Kalender in Kalendern.

Auch wenn in der westlichen Welt diese Sichtweise aktuell nicht geteilt wird, so beginnen wir doch umzudenken. Ein Beispiel dafür ist für mich die Sicht-Änderung der Wissenschaft, dass die Erde sich nicht um die Sonne dreht und im Raum steht, sondern dass sich auch die Sonne mit einer gigantischen Geschwindigkeit durch den Raum bewegt und die Planeten ihr in spiralisierenden Bewegungen durch den Raum folgen.

Mit diesem neuen Bild wird deutlich, dass kein Kreislauf, kein Zyklus der Planeten dem anderen gleichen kann, weil er bereits an einem anderen Platz im Raum stattfindet.

Erkennen auch wir in der westlichen Welt, dass das Leben in Zyklen stattfindet, die immer weitergehen und trotzdem nicht das Alte wiederholen.

Vielleicht erhalten wir durch diese neuen Erkenntnisse ein Gefühl dafür, dass sich bestimmte Qualitäten in ganz großen, langfristigen Zeiträumen zwar wieder zeigen, aber dennoch nicht gleichen.

Der Mayakalender hatte ja mit der provokanten Idee, ihn so zu deuten, dass am 21.12.2012 alles endet, zu einigen Diskussionen geführt. Aus direktem Kontakt mit dem damals Vorsitzenden des Maya-Ältestenrates von Guatemala, Don Alejandro Cirilo Perez Oxlaj Wandering Wolf, bekam ich auf einer Reise 2007 bereits eine andere Variation erklärt: Mit dem 22.12.2012 beginnt ein neuer Zyklus von circa 26.000 Jahren, mit einem neuen Tag bestehend aus 13.000 Jahren, dem dann wieder eine ebenso lange Nacht folgen wird.

Mir gefällt es, bei meinen Reflexionen diesen Aspekt mit einzubeziehen. Er mag unsere Sicht unendlich vergrößern. So wie mit Anbrechen des Tageslichtes unsere physischen Augen wieder mehr Sicht erlangen, mögen auch unsere ätherischen Augen mit Anbrechen des neuen Weltenjahres eine neue Sicht auf das in der Dunkelheit vorübergehend Verborgene erlangen.

Meditation

Erwachen

Schließen Sie die Augen und kommen Sie zur Ruhe. Sind Sie sich der unendlichen Liebe von Mutter Erde bewusst, nehmen Sie ihre Liebe wahr, die Ihnen in immerwährendem Kreislauf zufließt. Schenken Sie ihr Ihre Liebe zurück.

Dieses Flusses weiterhin bewusst, fühlen Sie die immerwährende Liebe von Vater Himmel zu Ihnen strömen, Sie durchströmen. Erwidern Sie seine Liebe in diesem unendlichen Lauf.

Nehmen Sie dankbar Ihr Sein an, geschenkt und hervorgegangen aus dieser beider Liebe. Leben entsteht in dieser Liebe und bringt Rhythmus mit sich.

Spüren Sie den Rhythmus des Lebens. Atmen Sie ein, atmen Sie aus. Ein. Aus. Sie nähren sich beim Einatmen und geben weiter beim Ausatmen.

Erspüren Sie einen weiteren größeren Rhythmus. Wie Tag und Nacht sich abwechseln. Sehen Sie die Sonne aufgehen und ihren Lauf nehmen, unser Tagestreiben begleiten.

Nehmen Sie sich wahr, wie Sie bei Sonnenlicht den Tag begehen. Die Sonne senkt sich und geht am Horizont unter.

Das Leben wird müde und schläfrig. Sie werden müde und legen sich zum Schlafen. Sie sind nicht mehr bewusst Spieler Ihres Daseins. Es mag passieren, dass in Ihrem Schlaf Alpträume über Sie hinwegziehen. Der neue Morgen bricht an und in Freude erheben Sie sich wieder für ein neues Tagesgestalten.

Im Lauf der Jahreszeiten spüren Sie einen größeren Zyklus. Wie das Tageslicht anbricht, bricht im Frühling die Kraft der Natur auf und alles erwacht zu neuem Leben. Was still war und geschlafen hat, zeigt sich wieder, fruchtet und mehrt sich.

Im natürlichen Lauf sind auch wir Menschen diesem Rhythmus unterworfen. Aktiv im Frühling und Sommer, ruhiger im Herbst und Winter. Auch hier mag es sein, dass im ruhigen schlafenden Winter, dem, der nicht im Einklang mit der Natur lebt, Alpträume aufziehen, bis ein neuer Frühlingsmorgen die Erlösung bringt.

Machen Sie sich einen weit größeren Rhythmus gewahr, den Wechsel des kosmischen Tages mit der kosmischen Nacht. Erinnern Sie, wie sich 13.000 Jahre Bewusstseins-Tag mit 13.000 Jahren Bewusstseins-Schlaf abwechseln.

Spüren Sie, wie eben in diesem jetzigen Zeitraum ein neuer kosmischer Tag anbricht. 13.000 Jahre lang hat unser Bewusstsein geschlafen. In der Tiefe der Nacht brachen Alpträume über uns herein. Es ist Zeit, dass wir aufwachen.

Spüren Sie, wie die Strahlen der Zentralsonne aus dem Zentrum der Galaxie Sie endlich wieder berühren können.

Fühlen Sie die tiefe Freude über die Morgendämmerung eines neuen, bewussten Daseins-Tages.

Machen Sie sich auf in Ihr bewusstes neues Leben. Miteinander. Unterstützend. Freudvoll.

Schwingen Sie in dieser Energie und im Rhythmus des Lebens weiter, wenn sich das für Sie stimmig anfühlt, und öffnen Sie die Augen.

Kapitel 6

Bringe Dich mit der
Frequenz der Realität,
die Du Dir wünschst,
in Einklang und Du kannst
nicht umhin, diese Realität
auch zu bekommen.

Albert Einstein

Liebe ist das Feld

Liebe und Angst definieren wir als die Gegensätze zweier energetischer Richtungen, die das Verhalten des Lebendigen charakterisieren: Liebe als die Bewegung hin zu mehr Lebendigkeit, Entfaltung und Reproduktion und Angst als die Bewegung hin zu Starre, Rückzug, Stagnation.

Laut Wissenschaftlern wie Prof. John Curtis Gowan steigt in einem geschlossenen System die Entropie. Gleichzeitig hat das Leben die Tendenz, sich für die Struktur mit der höheren Ordnung zu entscheiden, wenn zwei verschiedenwertige sich ihm anbieten.

Liebe, die immer eine höhere Schwingung trägt, ist also die Energie, die mehr Leben und Lebendigkeit hervorbringt. Neuesten wissenschaftlichen Forschungen zufolge bildet sich Leben in einem Feld, wenn dieses sich aus zwei entgegengesetzt gepolten und sich anziehenden Elementen aufbaut. Ich verwende dafür gerne den Begriff Liebesfeld. Diese beiden Elemente elektrischer Spannung, plus- und minus-gepolt, stehen in schöpfungsgegebener Anziehung zueinander. Laut den Erkenntnissen der Wissenschaft entsteht und existiert alles in der Schöpfung nach diesem Prinzip: dem Prinzip, wie es die *Forschungstheorie des Elektrischen Universums* aufzeigt.

Leben entsteht durch Beziehung zweier elektrischer »Wesen«, die eine entgegengesetzte Polung haben. Sie ziehen sich gleichzeitig an und bringen so Neues hervor.

Das Neue ist ebenfalls entgegengesetzt gepolt und kann auf untergeordneter Ebene wieder in gegenseitiger Anziehung Neues hervorbringen. Diese Gesetzmäßigkeit zieht sich durch alle Größen der Lebensformen hindurch.

Diese Beobachtungen entsprechen den hermetischen Gesetzmäßigkeiten des Lebens: Wie im Großen so auch im Kleinen. So konnten in den Versuchen der Forscher Thornhill und Talbott mit dieser These alle bisher bekannten Galaxien im Labor erstmals im kleinen Maßstab allein durch elektrisches Feldverhalten in ihrer Form im Plasma nachgeahmt werden.

Wenn Sie sich tiefer mit diesen Hintergründen beschäftigen möchten, empfehle ich Ihnen die Video-Links im Quellenverzeichnis.

Was ist es, das bei uns Menschen auf der für uns empfind- und erlebbaren Ebene Anziehung entstehen lässt, die Neues hervorbringt?

Neues entstehen zu lassen bedeutet Ausdehnung und steht als Gegenbewegung zum Zusammenziehen. Ausdehnung und Zulassen, diese Worte lassen uns bereits spüren, dass dies Vorgänge des Öffnens sind, des Öffnens zum Leben hin. Was uns Menschen öffnen lässt, sind Geborgenheit, Sicherheit, das Sich-geehrt-, -geschätzt- und -geliebt-Fühlen. Und wieder können wir aufgrund des Hermetischen Gesetzes diese menschliche Art des Energieflusses auch auf größere Ebenen übertragen.

Grundvoraussetzung für den Weg hinein in die Schöpfung und hinein in das, was wir Harmonie nennen, ist unsere Achtung des Lebens und des Lebendigen und unsere Liebesfähigkeit.

Wenn wir uns zu Beginn unseres Erdenlebens geliebt und sicher fühlen, wenn wir als Erwachsene Liebe empfinden, blüht unser Wesen auf, öffnet sich nach außen, öffnet sich dem Leben an sich, allem Leben überall. Das eigene Sein fühlt sich expandierend an und im elektromagnetischen Bereich lässt sich ein größeres Energiefeld wahrnehmen. Beobachtungen zeigen, dass in diesem Zustand die äußere Welt quasi als Ausdehnung der inneren Welt reagiert, auf alle unserer Emotionen, Gefühle und Bilder. Wir sind im Fluss der Schöpfung.

Begeben wir uns in Angst, zieht sich unser Feld zusammen. Die äußere Welt gibt uns nicht das zurück, was wir uns vorstellen, und das Gefühl der Getrenntheit wird sich deutlich und vielleicht auch schmerzlich zeigen. In Angst können wir nicht Schöpfung fließen lassen. Es ist nicht das Außen, das auf uns reagiert, sondern wir sind es, die mühevoll reagieren müssen, die ausführen müssen. In unserem eigenen Zustand der Öffnung in Wohlwollen zu allem, was ist, also in dem Zustand, den ich Liebe nennen möchte, geht unser Sein in Resonanz mit etwas, mit einem bereits vorhandenen Schwingungszustand, dem Feld der Liebe.

Betrachten wir die Natur und das Leben auf einer unserer Menschen-Ebene übergeordneten Ebene, dann müssen wir zugeben, dass die Natur sich selbst zu entfalten weiß zu Buntheit, Vielfalt und perfektioniertem Miteinander. Wenn Sie schon einmal in der Wüste waren oder einen Film darüber gesehen haben, werden Sie erkannt haben, dass es nicht die Natur ist, die dort wüst ist. Es ist nur der Lebensraum für den Menschen, der nicht nutzbar ist und dementsprechend als wüst bezeichnet wird.

Warum haben wir die Geometrie um uns?

Ein Akt der Liebe erzeugt. Eine Reaktion auf diese Liebe ist Leben. Leben in den uns bekannten Lebensformen. Und diesen Lebensformen liegen Strukturen zugrunde, die, wenn wir sie studieren, sich in Gesetzmäßigkeiten erkennen lassen. Diese Erkenntnisse werden seit Jahrtausenden in Zeichnungen, Bildern und Symbolen reflektiert. Das

Wissen um sie wird in der Heiligen Geometrie zusammengetragen, festgehalten und weitergegeben. In früheren Zeiten war es den Menschen bewusst, dass sie sich inmitten dieses geometrisch greifbaren Umfeldes befinden.

Es ist die Urstruktur alles Lebendigen. Wie Leben und Liebe zusammengehören, gehört auch die Geometrie dazu, so alt wie dieses Paar, und alle sind auf das Innigste verbunden. Wegen dieser untrennbaren Verbindung nennt sich diese mit dem Leben selbst zusammenhängende Geometrie die Heilige Geometrie.

In den Formen der Heiligen Geometrie reagiert das Leben auf die ursprüngliche Liebe, die aus der Schöpfung selbst, aus der Urquelle, sprudelt und fließt.

Wie können wir Liebe greifen?

Liebe ist eine Schwingung, die wir spüren können, die die Wissenschaft über Messungen der Kohärenz des Herzens zu greifen versucht. Das HeartMath-Institut hat dazu interessante Forschungen vorzuweisen. Im Sichtbarmachen der Variabilität der Herzfrequenz zeigen sich diese Gegensätze optisch. Diese Herzratenvariabilität gibt uns direkten Aufschluss über unsere wahre Befindlichkeit.

Wenden wir uns dem Leben zu, so spüren wir Gefühle wie Dankbarkeit, Liebe und Mitgefühl. In den Messungen unserer Herzrate zeigt es sich als eine gleichmäßig harmonisch anzusehende Welle. Im Gegensatz dazu wirkt die Aufzeichnungskurve von Gefühlen der Abwendung von der

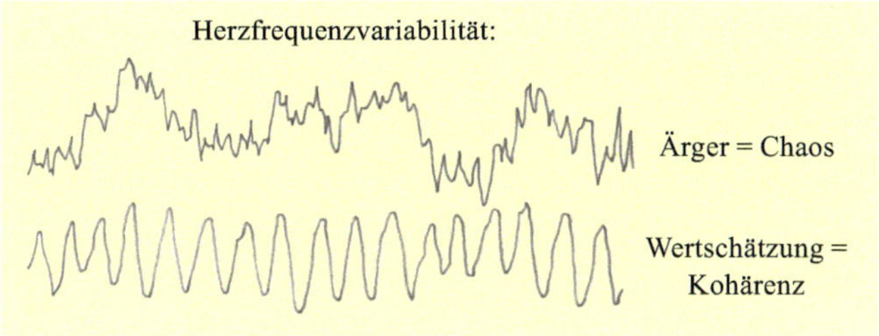

Lebendigkeit oder der Ablehnung des Lebens zerrissen und ungleichmäßig. Wir sehen, dass Liebe sich als eine harmonisch wahrgenommene Struktur zeigt.

Gehen wir zurück zu unseren Betrachtungen des Würfels des Metatron. Wir haben erfahren, dass allem, was in unserer Welt existiert, ein Muster zugrunde liegt, welches aus dem Informationssystem des Metatron-Würfels hervorgeht.

Sehen wir uns dies näher an: Das dem Würfel Metatrons inne liegende Muster können wir auch über die Grenzen der Figur beliebig ausdehnen. Gleichzeitig können wir die Information der Figur beliebig nach oben und unten skalieren. Wir sehen und spüren die Allgültigkeit dieser Strukturen.

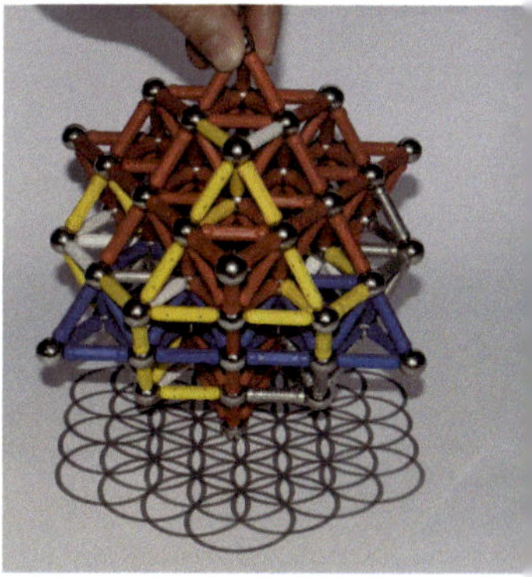

Wenn wir darüber hinausgehen und diese Figur als eine 3D-Dar-

stellung betrachten, so können wir erkennen, dass sie aus einem Gitter von Tetraedern bzw. Sterntetraedern aufgebaut ist, die jeweils von einer Kugel umschrieben gesehen werden können. Selbst da sehen wir, wie sich die platonischen Körper alle weiterhin und wiederholt finden.

Das intelligente Feld

Auch in der Wissenschaft der jüngsten Zeit findet diese Information Eingang: eine dem Lebendigen zugrunde liegende Struktur, die weit mehr ist als nur ein Raster. Die Physik erkennt es inzwischen als ein intelligentes Feld an, welches in unfassbar schneller Geschwindigkeit, die weit über der Lichtgeschwindigkeit liegt, unmittelbar Informationen im kompletten Feld überallhin verbreiten kann.

Wenn wir uns dieses allem Leben zugrunde liegende Feld sowohl über die Heilige Geometrie erschließen können als auch über die Wissenschaft und wenn wir es als intelligent und Leben spendend wahrnehmen und annehmen können, so möchte ich es das Liebesfeld nennen, welches uns trägt und hält.

Die Experimente der Kymatik, einer Wissenschaft, die den Einfluss der Schwingung von Tönen auf Sand oder Wasser beschreibt, sind für mich ein wunderbares Beispiel.

Damit kann ich erfühlen, dass es einen Ton Gottes gibt, welchen die östlichen Traditionen das Om nennen und der unser Dasein in die Form schwingt.

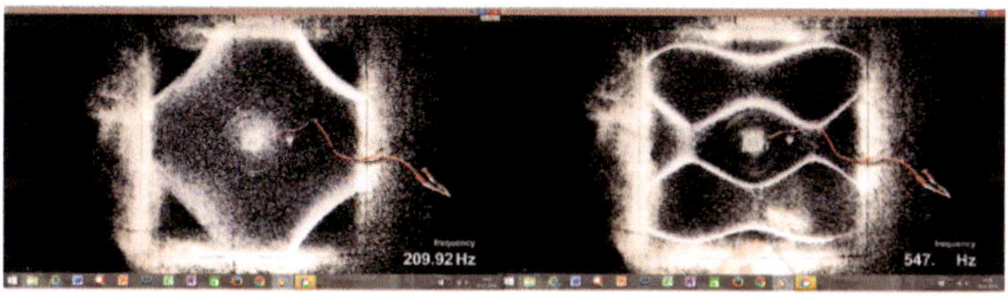

Diese Bilder zeigen, wie eine Metallplatte, auf der Sand liegt, mit einem Ton über einen Lautsprecher unter der Platte beschallt wird. Die Platte vibriert und an den Knotenlinien der stehenden Wellen bildet sich ein erstes Muster.

Dann wird langsam die Frequenz erhöht und das diesem zugeordnete Muster zerfällt langsam und strukturiert sich neu, je näher der Ton dem nächsten von Platte und Frequenz abhängigen Wellenmuster kommt. Dabei wird mit jedem

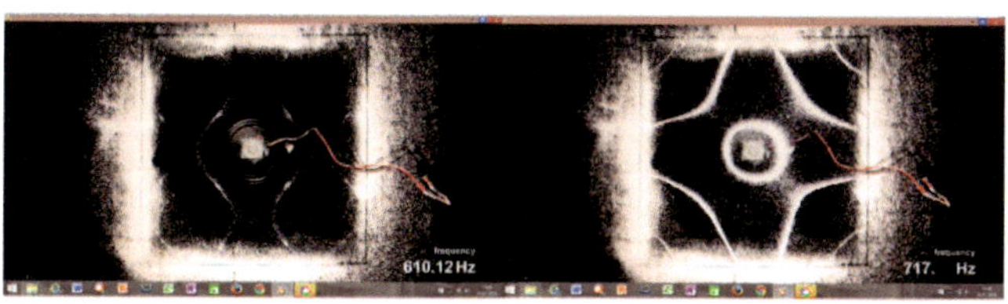

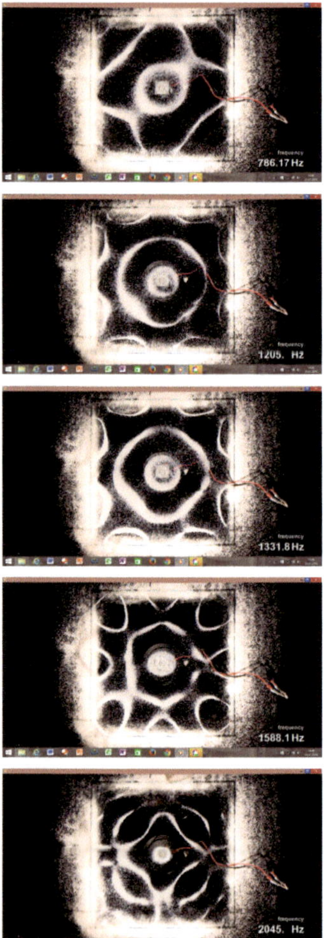

höheren Tonbereich das Muster komplexer.

Stellen wir uns vor, wie wir aus einer anderen Perspektive selbst wie ein Sandkorn sind. Wie ein Schwingungsimpuls aus einer höher geordneten Ebene uns seit Anbeginn der Schöpfung ins Dasein schwingt.

Machen wir uns bewusst, dass Dasein Bewegung und Wandel bedeutet und der Schöpfungston es ist, der uns in Bewegung hält. Unser gesamtes Miteinander wird von ihm in Struktur getönt.

Wenn ich mich in diesen Gedanken begebe, fühle ich, wie Bereiche klarer Vibration mit Bereichen unklarer Vibration abwechseln, wenn sich die Schwingungen in den Gesetzmäßigkeiten

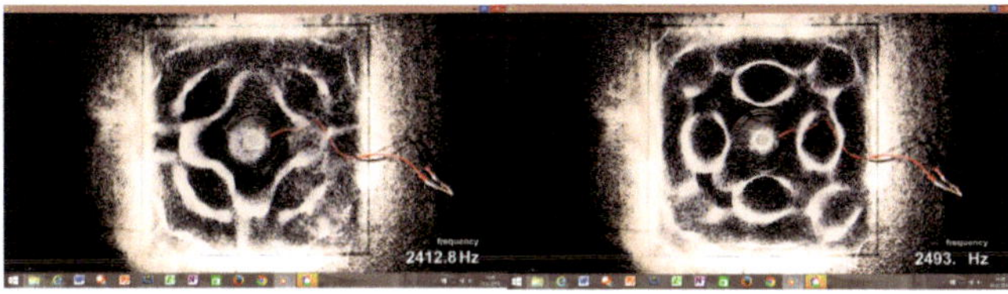

des zyklischen Seins bewegen. Dabei wechseln sie nicht nur einfach von harmonischem Ton zu unklarem Zwischenbereich und wieder zurück zu harmonischem Ton, sondern entwickeln sich weiter.

Betrachten wir diese Bewegung als eine spiralisierende Bewegung, in der sich der Frequenzbereich in eine Richtung höherer Komplexität entwickelt, so fühle ich, wie der Sand, wenn er von einem harmonischen Ton zu dem nächsthöheren harmonischen Ton beschallt wird, für meinen Blick zwangsläufig durcheinandergewirbelt wird. Die Sandkörner müssen loslassen und sich dem Geschehen anvertrauen. Nur so können sie sich tragen lassen zu einer Position in einer neuen, komplexeren Struktur.

Viele kleine Positionsveränderungen sind es, die ein Sandkorn von der Position bei einem Wellenton zur neuen

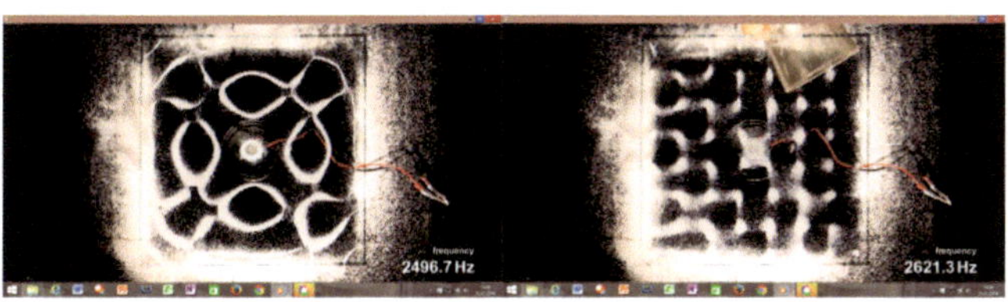

Position auf dem nächsthöheren Wellenton durchläuft. Je größer der Abstand zu einem Wellenton ist, desto deutlicher empfindet das Sandkorn die Disharmonie.

So bedarf es einer großen Weisheit des Toningenieurs hinter all diesen Bewegungen, um ein Sandkornfeld aus lebendigen Wesen heil von einer Strukturstufe zur nächsten kommen zu lassen.

Uns jedenfalls lassen diese Sandkorn-Betrachtungen und -Experimente ein Verständnis für große Zusammenhänge, die wir sonst nicht in unserem Blickfeld erfassen können, erahnen. Sie können uns den Toningenieur endlich sichtbar machen und durch sie können wir ein Vertrauen dafür finden, dass selbst in der Unordnung und im Chaos die höchste Vollkommenheit auf dem Weg zur nächsthöheren Ordnung steckt.

Muster des Lebendigen

Meditation

In der Bewegung des Seins

Einstieg:
Betrachten Sie das Muster des Lebendigen, das sich aus der Blume des Lebens durch Division in immer kleinere Maßstäbe differenzieren und umgekehrt auch in immer größeren Kugeln zusammenfassen lässt. Betrachten Sie als Teil Ihrer Meditation dieses Muster und erkunden Sie die Gesetzmäßigkeiten des Zoomens.

Meditation:
Schließen Sie die Augen. Atmen Sie tief und gleichmäßig und spüren Sie, wie Sie tief in Ihre innere Ruhe kommen.

Fühlen Sie sich am Anfang allen Seins. Fühlen Sie sich noch in dieser göttlichen Quelle, die Ihre Vorstellung ungreifbar übersteigt. Nähern Sie sich, soweit es Ihnen möglich ist, diesem Erfühlen des ALL-EINEN.

Nehmen Sie wahr, wie das ALL-EINE selbst in das Leben geht und sich ein Gegenüber tanzt.

In Ihren inneren Bildern fühlen Sie eine Kugel, unseren All-Ursprung. Sie sind Bestandteil und gleichzeitig sind Sie selbst die Kugel.

Spüren Sie, wie in einer Teilung aus der einen Zelle, aus der einen Kugel, zwei entstehen. Empfinden Sie, wie Sie von nun an ein Gegenüber haben, wie Sie nur noch ein Teil des Ganzen sind.

Gehen Sie weiter in diesem Empfinden und spüren Sie diese Möglichkeit des Teilens von dem Teil, von dem Sie nun Bestandteil sind, teilen Sie und spüren Sie das.

Teilen Sie weiter und weiter. In Ihrer Kleinheit gerät Ihnen das große Ganze aus dem Blick, Sie verlieren sich in der Menge der Unterteilungen, zwischen Zellchen und Zellchen.

Sehen Sie, wie Sie an den Punkt kommen, an dem sich der Zyklus des Lebens umdreht und aus der Division wieder Addition wird.

Spüren Sie sich wie eine Seifenblase. Als Kind haben Sie das schon einmal gesehen: Zwei Seifenblasen berühren einander und auf magische Art und Weise werden sie zu einer, indem dieses Trennhäutchen zwischen den beiden einfach platzt.

Fühlen Sie diese Addition selbst, wiederholen Sie dieses Gefühl nochmals und nochmals und nochmals und nehmen Sie dabei wahr, wie alles größer, umfangreicher in der Wahrnehmung wird, wie Ihnen mehr und mehr wieder als EINS gewahr wird.

Wiederholen Sie dieses Erfahren, bis Sie eine unendlich große Kugel sind. Spielen Sie noch einige Minuten lang weiter mit dem Addieren und Teilen, bis Ihnen diese Bewegungen wieder vertraut geworden sind.

Erinnern Sie sich: Wir sind wieder am Aufwachen. Setzen Sie die Intention, bewusst sich weiter und weiter wieder mit allem Sein zu vereinen.

Kapitel 7

Ich möchte
ein Leben führen,
das meine Seele
in meinem Körper
tanzen lässt.

Dele Olanubi

Quantensprung in eine neue Zeit

Auf vorhergehenden Seiten habe ich meine Reise nach Neuseeland mit einer Gruppe um Drunvalo Melchizedek erwähnt.

Zentrale Erfahrungen auf dieser Reise waren für mich das Erleben eines für mich spürbar spirituellen Meisters im Alltag genauso wie in den verschiedenen Zeremonien. Die Reisegruppe selbst bewegte sich einem Organismus gleich durch Neuseeland. Tief verändert und bereichert kehrte ich nach Hause zurück. Eines war von nun an klar: Die Erfahrung, mich mit meinen Mitmenschen um mich herum als »ein Organismus« zu fühlen, ist mein tiefster Wunsch.

Was war zentral anders im Zusammensein auf dieser Reise?

Wir Teilnehmer und Drunvalo spürten uns auf das Innigste mit dem Schöpfer und der Schöpfung und von Herz zu Herz miteinander verbunden und nahmen uns bis auf unseren göttlichen Wesenskern hinab wahr, durch all die Unterschiede und vermeintlichen Unvollkommenheiten hindurch. Wir waren in eine Tiefe unserer Beziehung zu Mutter Erde gelangt, eine persönliche Beziehung zu Gaia, die ich vorher nur in besonderen Momenten erlebt hatte.

Als wir an einem der Abende gemeinsam zusammen waren und unsere Erfahrungen in Worte an Drunvalo fassten, stellte er uns in Aussicht: Dies ist unser eigentlicher Zustand, dass wir als Menschheit als ein Organismus zusammenfinden und als solcher auf der Erde wandeln werden. Er verwendete dabei die Formulierung »den Planeten reiten« und ließ uns das Bild spüren, wie die Menschheit als ein Reiter sich gemeinsam mit der Erde durch Zeit und Raum bewegt.

Dieses beglückte Dasein im Hier und Jetzt, das ich auf dieser Reise spüren konnte, wollte ich wieder erleben und weitertragen und soweit kultivieren, dass ich es möglichst rundum – den ganzen Tag – erfahre.

Zurück zu Hause reflektierte ich über die Frage: Was hatte dieses Eins-Sein mit den Menschen bewirkt? Was das Eins-Sein mit Gaia?

Ja, es war die Gnade, göttliche Gnade, die uns allen diese Erfahrungen geschenkt hatte.

Aber lässt sich Gnade auch pflegen?

So stellte ich mir kleine Memos zusammen, die mir dieses Eins-Sein wieder in Erinnerung rufen konnten, die es neu erfahrbar und erlebbar machen konnten. Ich stellte mir kleine Aufgaben, winzigste Zeremonien, die mich mit Mutter Erde verbinden und meine Liebe mit und zu ihr pflegen. Täglich wollte ich sie in Liebe berühren und um mir diesen Akt bewusst greifbar zu machen, besorgte ich mir einen Karton voller Edelsteine, für die ich jeden Tag einen neuen Platz finden wollte. Damit wollte ich Gaia mit meiner Liebe und einem Stein beschenken – als Symbol meiner Liebe zu ihr, zu allem Leben überall und als Zeichen, dass ich mich auf diesem Weg der Liebe weiterbewegen möchte. So einfach dieser kleine Akt täglich war, so gewaltig war das Erfahren der sich stärkenden Liebesbeziehung mit ihr.

So empfinde ich es als das Geschenk der Liebesbeziehung von Mutter Erde und ihrem männlichen Gegenüber, der Sonne, das mich auf all meinen Bewusstseins-Abenteuern stabil in einer Ausgerichtetheit und Verbundenheit mit diesen unseren Schöpferenergien hält, sodass ich mich öffnen und mein Vertrauen stabilisieren und halten kann.

Unsere gleich liebende Verbindung zu beiden Schöpfungsenergien, die unser Sein hier auf diesem Planeten hervorgebracht haben, zu Mutter Erde und Vater Sonne, ist der Schlüssel zu unserer Balance zwischen Himmel und Erde. Diese Balance wiederum ist der Schlüssel zu unserem Zugang in unseren Herzensraum und unserem Dasein aus dem Herzensraum heraus.

In unserer Vergangenheit ist es uns nicht mehr möglich gewesen, Materie als Licht zu sehen. Seitdem wir aus der Ein-Sicht herausgegangen sind, erleben wir Licht in der Paradoxität: Sehen wir von der einen Seite auf die Schöpfung, so nehmen wir sie in Teilchen wahr, in *Mater-ie*. Sehen wir aus einem anderen Winkel auf die Schöpfung, so nehmen wir sie als Schwingung wahr, als *Pater-ie*.

Materie ließen wir in Verruf geraten. Wir entehrten sie, entwerteten sie, missbrauchten sie. Um mit diesem Zwiespalt zurechtzukommen, verschoben wir unser Paradies in den Himmel.

Aufbruch in ein neues Erfahren

Wenn wir alle Schritte zurück in die Schöpfung nehmen, so oder ähnlich, wie ich sie in den vergangenen Kapiteln zu beleuchten versucht habe, werden wir uns selbst in der Materie neu sehen.

Wir werden uns als den Ereignishorizont wahrnehmen, an dem die Energien aus zwei verschiedenen Richtungen zusammenkommen und die Erfahrungen und Informationen austauschen – einmal von unserer väterlichen Seite kommend und einmal von unserer mütterlichen Seite kommend. Entlang dieses Ereignishorizontes erfahren wir uns gegenseitig in der Buntheit des Lebens und der Existenz.

Lassen wir uns hineinbewegen in ein bloßes Erfreuen am Dasein in Harmonie mit unserem vertikalen und horizontalen Angebundensein. Erleben wir wieder pure Glückseligkeit und göttliche Ekstase – BLISS.

Lassen wir die Geometrie und unsere spielerische Beschäftigung mit ihr unser Schlüssel dabei sein.

*Hinsichtlich der Materie liegen wir alle falsch.
Was wir Materie nennen, ist Energie,
die so langsam schwingt, dass sie für die Sinne
tastbar ist. Es gibt keine Materie.*

Albert Einstein

Ich danke Drunvalo Melchizedek von Herzen für all die Grundlagen des Verständnisses, die er mir über seine Bücher, seine Workshops und das persönliche Zusammensein auf spirituellen Reisen erfahren ließ. So geht mein Verständnis, das ich in diesem Buch ausdrücke, wesentlich auf Inhalte zurück, die Drunvalo in seinem Buch *Aus dem Herzen leben* erstmals im Jahr 2000 ausgedrückt hat. Die vielschichtige Tiefe seines Wissens erschließt sich mir nicht versiegend.

Tiefen Dank allen, die zum Entstehen dieses Buches beigetragen haben, ganz besonderen Dank an dieser Stelle an Adrian Gutzelnig, der extra für die Abbildungen in diesem Buch ein Kymatik-Experiment installierte und mir Fotos und Videomaterial zur Verfügung stellte.

Von Herzen danke ich meinem Gegenüber für dieses Hineinlehnen in den Tanz und für das Zutanzen des Mutes, den ich brauche, um mich einzutauchen mehr und mehr in das, was ich im Moment noch Materie nenne, obwohl ich weiß, dass das der Begriff ist, der das, was ich meine, am meisten missverstehen lässt.

Über all die Jahre war Renate Brettschneider auf der Suche herauszufinden, wie Leben »funktioniert«, und hatte gleichzeitig den Wunsch, ein harmonisches Zusammenleben auf diesem Planeten mitzugestalten.

Ein großes Interesse an Geometrie, Kunst und Gestaltung inspirierte die Autorin zu einem Studium der Architektur. Neben der Heiligen Geometrie beschäftigt sie sich mit anderen Kulturen und den verschiedenen Lebensweisen. Spirituelle Reisen führten sie zu den Waitaha nach Neuseeland, den Maya in Guatemala und Mexiko, auf die Osterinsel und nach Moorea.

Wichtige Lehrer waren u. a. Wilhelm Reich, Hans Jenny, Barbara Brennan, Yogananda und Babaji. Tief geprägt hat sie Drunvalo Melchizedek. Seit über 15 Jahren ist die Autorin tief eingestiegen in seine Meditation im Heiligen Herzensraum und gibt dieses Wissen auch als Lehrerin an seiner School of Remembering weiter.

Spannend findet sie ihren Weg, ihr spirituelles Wahrnehmen und Erkennen inmitten der Gesellschaft im gelebten Alltag einzubringen.

www.herzensweg.jetzt

Quellenverzeichnis

Kapitel 1

Abb. S. 21: mit freundlicher Genehmigung von *Bernard Pras*, Titel der Installation: Portrait de Ferdinand Cheval
www.bernardpras.fr

Abb. S. 22: mit freundlicher Genehmigung von *Rashad Alakbarov* und der Yay Gallery, Baku, Azerbaijan, www.yaygallery.com. Das Original mit dem Titel SHABAKA steht im YARAT Contemporary Art Centre, Baku.

Edwin A. Abbott: *Flächenland* (reprinta historica didactica). Hrsg. Peter Buck. div verlag franzbecker.

Jacob Liberman: *Die heilende Kraft des Lichts: Der Einfluss des Lichts auf Psyche und Körper.* Serie Piper. München 1996. ISBN 978-3492220057

Abb. S. 34: ©Huta, Fotolia

Kapitel 2

Drunvalo Melchizedek: *Aus dem Herzen leben*: Verständigung ohne Worte, Schöpfung jenseits der Polarität. KOHA Verlag. Burgrain 2004. ISBN 978-3-936862-16-4

Abb. S.43: © Russiangal, Dreamstime

Paul Deussen: *Allgemeine Geschichte der Philosophie*, Band 1. F. A. Brockhaus. Leipzig 1919 Chandogya Upanishad, Achter Prapathaka, Erster Khanda, ChU 8.1.1-5

Kapitel 3

True Divine Nature: Anchoring a New Consciousness – *Matt Kahn*/TrueDivineNature.com. Abgerufen am 15.4.2016. www.youtube.com/watch?v=fp3afuIv8NE

Kapitel 4
Drunvalo Melchizedek: *Die Blume des Lebens*, Band 2. KOHA Verlag. Burgrain 2000. ISBN 978-3-929512-63-2
Abb. S. 117: Foto *Renate Brettschneider* v. Anhänger Christusgitter www.ka-gold-jewelry.com/p-articles/christ-consciousness.php

Kapitel 5
Wikipedia: *Polarität* (Philosophie). Abgerufen am 16.4.2016. de.wikipedia.org/wiki/Polarit%C3%A4t_%28Philosophi e%29
Abb. S. 139 und 146: *Renate Brettschneider* mit Dank an den Impuls von *Nassim Harramein*

Kapitel 6
Abb. S. 155: *Renate Brettschneider*, Schmuck von *Matthias Walter*, Friedensbaum Stiftung
John Curtis Gowan, *Operations of Increasing Order*. Snyder Institute of Research. 1974. ISBN 978-0-686279-24-2
Tom Findlay: *A Beginner's View of Our Electric Universe*. Grosvenor House Publishing Ltd. Guildford 2013. ISBN 978-1781481-41-7
ThunderboltsProject: Thunderbolts of the Gods / Official Movie. Abgerufen am 15.4.2016.
www.youtube.com/watch?v=5AUA7XS0TvA
David LaPoint: *The Primer Fields Part 1*. Abgerufen am 15.4.2016. www.youtube.com/watch?v=9EPlyiW-xGI
David LaPoint: *The Primer Fields Part 2*. Abgerufen am 15.4.2016. www.youtube.com/watch?v=2NogyJ0k8Kw
David LaPoint: *The Primer Fields Part 3*. Abgerufen am 15.4.2016. www.youtube.com/watch?v=lpI6ikj1G-s
Matteo: *Cymatic experiment*. Abgerufen am 15.4.2016. https://www.youtube.com/watch?v=GtiSCBXbHAg
Abb. S. 161-163: *Adrian Gutzelnig*, Berlin
Abb. S. 164: © Sergey 7777, iStock

Zwölf Meditationen führen Dich parallel zum Buch *Heilige Geometrie – Der Weg in die eigene Mitte* in das Empfinden Deiner eigenen Mitte und in die Wahrnehmung des Seins aus Deiner Mitte heraus. Geführte Meditationen inmitten der Formen, Strukturen und des Bewegens schöpferischer Ur-Informationen.

Renate Brettschneider
Heilige Geometrie – *Die Meditationen zum Buch*
CD | 80 min | 19,50 € | ISBN: 978-3-937883-87-8

Die zwei Urkräfte der Schöpfung werden oft als polar und gegensätzlich erfahren: Weiblich – Männlich, Mikrokosmos – Makrokosmos, Materie – Geist. Die persönliche Verbindung zu Mutter Erde und Vater Himmel ermöglicht Dir, Dich mit diesen Kräften in eine ergänzende, ernährende und erfüllende Dreieinheit zu begeben.

Kilian Bodhi Ameen
Die Verbindung zu Mutter Erde & Vater Himmel
CD – Geführte Meditation | 58 min | 19,50 €

Eine spielerische und kraftvolle Begegnung mit der Ebene, in der wir noch ein Kind sind. Dieser für spirituellen Wachstum sehr wichtige Kontakt führt Dich zurück in die liebevolle Unschuld, womit jeder Mensch seinen Lebensweg einst begonnen hat.

Kilian Bodhi Ameen
Die Verbindung zum Inneren Kind
CD – Geführte Meditation| 43 min | 19,50 €

»In jedem Atemzug, den du nimmst, ist Liebe immer gegenwärtig.«

Es gibt fünf einfache Worte, die dir den Weg zu Freiheit und Erfüllung aufzeigen können: Liebe – was immer auch geschieht! So lautet die lebensverändernde Botschaft, die Matt Kahn in seinen Videos mit Millionen von YouTube- Nutzern überall auf der Welt geteilt hat.

Dieses Buch bietet eine Vielzahl kraftvoller Botschaften des bekannten spirituellen Lehrers. Durch die Vermittlung einer Reihe zutiefst heilsamer Einsichten und deren Umsetzungsmöglichkeiten möchte er den entscheidenden Impuls dafür geben, dass das höchste Potenzial eines jeden Menschen erweckt wird.

Themen und Lösungswege, die Matt Kahn im Buch anspricht, sind u.a.: Erste Schritte zu innerem Frieden entdecken, Lebendigkeit, Freude und Unschuld des ureigensten Wesens zurückerlangen, die fundamentale Bedeutung des Loslassens auf dem spirituellen Weg entdecken, die Schichten des Egos mit Mitgefühl und Leichtigkeit ablösen, die Rückverbindung von Herz und Geist – das Tor zu größerer spiritueller Entwicklung öffnen.

Matt Kahn
Liebe – was immer auch geschieht!
Hardcover | 280 S.| 18,95 €